The Gratitude
Revolution

紙潮不會死！

How To Love Your Life
and Be Inspired
By The World Around You

蘿拉.莫瑞諾 Laura Moreno 著

溫澤元 譯

獻給

我親愛的老公喬許（Josh）、

我美麗的家庭、

世界各地的朋友！

假如你人生唯一的禱告詞是「感謝」，那就足夠了。

──埃克哈特大師（*Meister Eckhart*，*1260-1327*）

contents

第二部

Part 2

邁向感謝之路

第
三
部

Part 3

用
生
活
激
勵
自
己

前言

人們並不是因為快樂才懂得感謝,而是先學會感謝才感到快樂。

──佚名

　　接下來十年內,會有成千上萬人因為讀了這本書,運用感謝的力量後變得更快樂。你也是其中之一。

　　每個快樂的人心中都藏了一個小祕密。這個祕密能讓他們迅速轉換心情、擁有健康的身體、賺更多錢,甚至更快樂。

　　繼續讀下去,你就能知道這個祕密到底是什麼,並了解這個祕密為何這麼有效、如何發揮作用。此

外，你也能透過一些練習讓生活更愉快。

● ── 能立即感受哪些改善？

人類逐漸發現感恩與仇恨無法並存。

── 《活出感恩》（*Living Life as a Thank You*）作者妮娜·里索維茲（Nina Lesowitz）

你能獲得數百種益處，以下略舉幾項：

· 立即變得更快樂

· 微笑的頻率更高

· 逐漸用正面態度來看待事物

· 變得更健康

· 吸引更多正面、快樂的人

・在職場上更成功

・精力更充沛

你會更常笑、更願意給予愛，也會吸引更多正面的人。你的身體會更健康，會覺得：活著真快樂！
——《恐懼 OUT：想法改變，人生就會跟著變》（*Feel the Fear and Do It Anyway*）作者蘇珊・傑弗斯（Susan Jeffers）

這本書寫給誰？ ——●

這本書是給：

・想更快樂的人

・想找到生命喜悅的人

・想吸引更多愛的人

· 想克服低潮的人

· 想保有赤子之心的人

能在這本書裡找到什麼？ ──●

本書分為三部分：

· **第一部**──認識「感謝」：在第一部分我們會探討感謝的定義（第一章）與其美妙的益處（第二章）。

· **第二部**──邁向感謝之路：第二部分會介紹練習感謝所需的工具（第三章），建構自己的感謝程序（第四章），並評估自己的生活，找出需要加強的領域為何（第五章）。

· **第三部**──用生活激勵自己：在最後一部分會專注

探討，哪些事情可以讓我們感謝（第六章）。

在每一章節都能讀到：

・關於感謝的理論與研究

・傑出人物的經典格言

・感謝的實例分享，以及感謝如何改變他們的生命

・感謝練習：透過這些練習，就能大幅提升快樂程度！

・章節重點摘要

●── 關於我

我不能獨自坐在這裡跟著喜悅起伏顫動 ── 我得把這份喜悅寫出來，把它分享出去。

——大衛·梅森（David Mason）的詩作

　　我已經練習感謝十多年，現在我把這本書獻給宇宙，謝謝它讓我接觸到讓我改變甚大的感謝力。

　　二十七歲時，我碰到一個非常完美的男人，我們墜入愛河，當時人生多麼美好，但分手後我陷入黑暗的低潮。

　　後來我認識了感謝，生命有了大迴轉。感謝就是我缺乏的。我對感謝成癮，十多年後我的人生非常美好，一天過得比一天更快樂！不僅人生完美，家庭、事業跟生命中的一切都光明圓滿！

　　我的計畫是幫助更多人活得快樂，所以才寫下這本書。

我想邀請你們加入追求快樂的行列。讓我們吱喝身邊的人，讓親朋好友都活得更快樂。

跟我一起來，加入下一波世界大革命：感謝革命！

PART

1

認識「感謝」

Chapter

第一章

什麼是「感謝」？

感謝的力量 ——●

感謝不僅是最偉大的美德，更是眾美德的根源。

——羅馬時期哲學家馬庫斯・圖利烏斯・西塞羅（Marcus Tullius Cicero，
106 BC-43 BC）

聽到感謝這個詞，大家首先想到的可能是小時候
爸媽總對我們說要有禮貌，要把「謝謝你」掛在嘴
邊。不過這不是真正的感謝，這只是有禮貌！

感謝具有無窮力量，能在頃刻間讓人生變得更快
樂！這是一種自然而然、由心升起、緊緊包圍著你的
感受。感謝也是一種情感回應，更是我們在清醒之下
做出的抉擇。

藉由下列感謝的定義，就能更了解感謝的力量：

　　牧師南西・諾曼（Nancy Norman）曾說：「感謝像一股強大的磁力，能將愉悅的人事物吸引到身邊。」曾針對吸引力法則撰寫多部暢銷書的作家埃斯特・希克斯（Esther Hicks）也提到：「感謝是現今世界中最純粹的心靈共鳴。」

　　根據《智慧的心：佛法的心理健康學》（*The Wise Heart*）作者傑克・柯恩菲爾德（Jack Kornfield）：「上天的祝福總扶持著我們，感謝就是對這些祝福表達由衷謝意。感謝也是表示對生命的自信。在感謝中，我們能感受到路邊小草從石縫中奮力生長的勁道，令人十分振奮。」

　　堪薩斯大學（The University of Kansas）宗教研究學系（Religious Studies）教授提莫西・米勒（Timothy Miller）表示：「感謝能讓我們體認自己分分秒秒所受的祝福，不去想自己需要或應該過得更好。」

被譽為「英國最優秀的快樂專家」羅伯特‧霍頓（Robert Holden）提到：「感謝的神奇之處，是在於它能改變我們的觀念，讓我們看到截然不同的新世界。」

我完全同意這些人的說法！十年前我開始練習感謝。坦白說，偶爾我也想放棄，但我必須找到自己的目標以便離開陰暗憂鬱。

現在每天都是全新美好的一天！總是帶著滿滿元氣醒來、笑臉迎人，常常像個天真快樂的小孩一樣，這實在太有趣了！現在的我樂於探險、在水坑中嬉戲、無憂無慮地大笑，這些都是感謝帶給我的改變。練習感謝讓我用全新視角看世界，我會在下一章節告訴你們該怎麼練習感謝。

●── 感謝與信仰有何關連？

某位偉大的先知曾說：「天使低空飛行，是為了尋找源自無私
之心的感謝之光。」
──露易絲·賀（Louise L. Hay）

　　一直以來，世上各大宗教都鼓勵信眾保持感謝之
心。基督徒、猶太教徒、穆斯林以及佛教徒的祈禱詞
中都有感謝這項元素。這些信仰告訴人們，要對生命
中的每件事表達感謝，無論好壞與善惡。不過現在越
來越多人脫離宗教信仰，感謝也逐漸被淡忘，讓許多
已擁有美好生活的人不滿足、不快樂。

　　《可蘭經》的第十四章（Sura Ibrahim）提到：
「常保感謝之心，真主會施予更多。」而我最喜歡的
感謝格言則來自佛陀：「讓我們起身感謝。即便我們
今天學到不多，至少還學到一些；即便什麼都沒學

到，至少沒有生病；即便生了病，至少我們還活著。
所以讓我們保持感謝的心。」

今天有哪些順心如意的事？

我們總是費太多心思煩惱不順遂的事，花太少時間回想生命中順遂如意的事。我們當然有能力思考不如意之事為何會發生，並從中學習經驗，避免未來重蹈覆轍。但大家似乎都花太多時間想著人生中的壞事，不去想那些對生命有助益的好事。更糟的是，這種只關注壞事的負面思維只會讓人更焦慮憂鬱。如果想避免這種情況發生，就要多回味生活中的美好事件。

——正向心理學運動之父馬丁・賽里格曼博士（Dr. Martin Seligman）

以下這個名為「獲得感謝」的美好故事取自 Gratefulness.org 網站：

有位老太太過著快樂滿足的生活，許多人都因為她如此懂得生活而感到嫉妒。

這位老太太每次出門都會帶一把乾燥的白豆。她將這把豆子帶出門並非為了果腹充饑，而是把豆子放在外套右側口袋。每次碰到美妙的事物，例如看見日出、聽到孩童的笑聲、短暫的際遇、美味的餐食或只是在日正當中時碰巧有陰影處乘涼，她就會讓自己沉浸在這美妙中，使心情感到愉悅，並從右側口袋將一顆豆子放進左側口袋。若碰到格外令她感到美好驚喜的事物，她甚至會移動兩到三顆豆子。

每到傍晚，老太太就會坐在家中數著今天移動了幾顆豆子。開心地數著左邊口袋中的豆子時，她又會回想當天在外頭碰到多少美麗曼妙的事物。有時就算左側口袋裡只有一顆白豆，那天仍相當美好——活著真是享受。

從現在起，每天晚上躺在床上等著入眠時，問自己一個問題：今天碰到什麼美妙的好事？

睡前進行這個簡單的練習，就能：
· 讓你回想當天發生的好事。
· 讓大腦在入睡時專注在正面事物上，不留空間給其他負面想法。
· 讓你更快進入睡眠狀態。
· 提升睡眠品質。

自從在朗達·拜恩（Rhonda Byrne）的《魔法》（*The Magic*）中讀到這個方法後我就持續練習，現在都能快速入睡！只要哪天沒這麼做，我就會好奇自己怎麼還醒著，接著就想到根本還沒問自己今天碰到什麼好事！

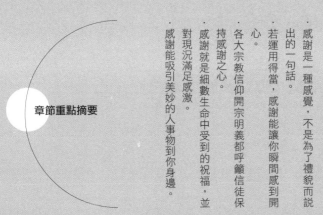

章節重點摘要

· 感謝是一種感覺，不是為了禮貌而說出的一句話。
· 若運用得當，感謝能讓你瞬間感到開心。
· 各大宗教信仰開宗明義都呼籲信徒保持感謝之心。
· 感謝就是細數生命中受到的祝福，並對現況滿足感激。
· 感謝能吸引美妙的人事物到你身邊。

Chapter

第二章

「七大益處」
為你點亮人生

過去十五年來，我在指導客戶如何擁有更成功的人生、過得更快樂時，發現一個祕密。每次要求客戶練習擁有感謝的心後，他們的生命就會有所改變，像獲得一支魔杖一樣。

——雪倫・霍夫曼（Sharon Hoffman），強大領導才能中心（Center for Empowered Leadership）創辦人與導師

　　我們為何要特別費心練習感謝？練習感謝能獲得什麼益處？

　　心理學中的正向心理學主要研究如何讓人更快樂、培養正面思維。這門學科是馬丁・賽里格曼博士於九〇年代末創立的，還是一門相當年輕的學科。

　　以下是正向心理學的幾項研究成果：

・參與活動比擁有物質財產更能帶來快樂。

· 收入只要超越貧窮水準就可滿足，額外的財富並不會
　讓人更快樂。

· 懂得感謝的人比較健康。

· 看到別人做好事，也會增加我們做好事的念頭。

　　　正向心理學研究指出，「感謝」是相當重要的正
面情緒。截至目前為止，有至少四十項研究證實感謝
具有多項益處。

　　　感謝究竟有什麼好處？

· **善心**：感恩之人為他人付出的時間與捐獻之財產，
　較平均高 20%。

· **社群**：感恩之人跟所在社區連結較緊密。

· **工作**：開心的人收入粗估可高於平均值 7%。

- **青少年**：花在爭吵的時間與心力降低 13%，課業表現就能提升 20%。懂得感恩的青少年抽菸機率將減少一半。

- **心理層面**：感恩與年齡成正比，每增加十歲，感謝程度就提升 5%。

- **身體健康**：感恩的人壓力平均低 10%，罹患壓力所導致的疾病機率也低 10%，體態更勻稱，血壓也較平均值低 12%。

- **友情**：對人際關係更滿足，友誼更穩固。

- **哪些國家的感謝指數最高？**南非、阿拉伯聯盟大公國、菲律賓和印度。

- **哪些國家的感謝指數最低？**丹麥、匈牙利、捷克共和國與英國。

- **壽命**：維持整體正面情緒，就能多活七年。

（上述資料來源：加州大學柏克萊分校美善科學研究中心〔Greater Good Science Center, University of California, Berkeley〕：http://greatergood. berkeley.edu/article/item/how_gratitude_can_help_you_through_hard_times）

● ── 更快樂的心

若心裡充滿愛和感謝，就會發現身邊充滿值得愛與感謝的事物，更能獲得健康的身體以及盼望已久的快樂人生。

—— 《水知道答案》（*The Hidden Messages in Water*）作者江本勝（Masaru Emoto，1943-2014）

　　正向心理學的重要學者馬丁・賽里格曼博士曾進行一項實驗，顯示練習感謝一週後，92% 的民眾感到更快樂，而原本鬱鬱寡歡的人，94% 感到沒那麼憂鬱。

感謝能有效提升人生滿意度，只要意識到我們已擁有高品質生活，就會更加珍惜、照顧自己。

每日花五分鐘記錄自己感謝的心情，就能提升長期幸福感高達 10%，這跟薪水翻倍有同樣的效果！

科學研究指出，當我們保持善心、感謝與正向等正面思維，就能活化大腦前端皮質，將令人感覺良好的賀爾蒙擴散到全身。

另一個說法，則是當我們感到一定程度的感謝和快樂時，就會開始留意並吸引到更多值得感恩的事物。就是這麼簡單，大家都能從中獲益！

更健康的身體

表達感謝時，就會獲得治癒身體的力量。

——形上學老師丹尼爾・佩拉塔（Daniel T. Peralta）

　　二〇〇三年的「細數祝福，忘卻負擔」研究顯示，「感謝日誌」書寫計畫的參與者都認為：

・身體症狀減少 16%。

・運動時間增加 19%。

・肉體疼透減少 10%。

　　不僅如此，二〇〇五年「正向心理學進展」公開的研究成果顯示，如果維持撰寫感謝日誌習慣，就能降低 30% 的憂鬱症狀。

你還在等什麼？立刻開始撰寫自己的感謝日誌吧！

001. 練習感謝對健康的好處

感謝能改善睡眠品質

感謝能改善睡眠品質，減少入睡所需時間，並延長熟睡時間。若能在睡前問自己「今天碰到什麼好事？」，我保證你會在十分鐘內睡著！為什麼？因為這樣能讓思緒聚焦在美妙的事物上，而非專注於令人煩躁的負面事物。

二〇〇三年的「細數祝福，忘卻負擔」研究參與者指出，撰寫感謝日誌讓他們增加 8% 的睡眠時間，睡眠品質也提升 25%。

感恩能延長壽命

你知道心懷感謝的人活得更久嗎？將感謝對身體的好處加總起來，總共能延長六點九年的壽命。沒錯，練習感謝對身體的正面影響，已被證實比運動或戒菸來得高（不過這也不代表就不用運動或戒菸）。

002. 心懷感謝對身體的好處

· 心懷感謝之人身體所受的疼痛與不適較少，也自認比他人更健康，此說法刊載於二〇一二年《人格與個體差異》（*Personality and Individual Differences*）期刊上。

· 更注重身體健康。

· 更常運動。

· 會定期進行健康檢查。

· 較開心、較少感到鬱鬱寡歡。

· 感謝能消除壓力。

· 感謝是克服創傷的利器。

· 能降低血壓，改善免疫系統，提升整體健康。

提升工作表現 ──●

在全食超市（Whole Foods Market），每次開會結束我們都會表達感恩與感謝，甚至在股東會議尾聲也是。我們發自內心向同事表達感謝，謝謝他們謹慎努力的工作表現以及對公司的幫忙。「感謝」徹底改變全食超市，讓工作環境充滿愛，所以說感謝具有強大力量也不為過。

──美籍企業家兼全食超市執行長約翰・麥基（John Mackey）

「感謝」在工作上能讓你：

‧在管理公司時更有效率。

‧提升生產率。

‧助你達到職涯目標。

‧讓你享受工作過程。

●—— 讓你成為更好的人

001. 讓人更樂觀

　　正向與感謝緊密連結，個性正向的人本來就習慣專注在好事上，不會被負面情緒綑綁。科學已證實每日撰寫感謝日誌，樂觀程度就會提升 15%。

002. 讓人不那麼注重物質生活

如果我說收入增加一倍只能讓人稍感快樂，聽起來會很意外嗎？但是，心懷感謝更能讓你專注在快樂的事物上，例如家人、朋友跟健康。

003. 提升自尊

感謝能讓身邊的人發自內心願意幫你。許多研究顯示，感謝能讓人更友善親切，也會提升你的自尊，讓世界變得更美好。

二〇一四年《應用運動心理學期刊》（*Journal of Applied Sport Psychology*）中的研究顯示，運動員若想有理想表現，自尊心不可或缺，而感恩正能提升運動員的自尊。

其他研究也指出感恩能降低比較心態。若仇視職

位比自己高、收戶比自己多的人，自尊心也會隨之降低，感恩之人則較能欣賞他人的成就。

● ── 替你找到伴侶

當個快樂的人，別人才會想花時間與你相處。大家都不想跟鬱鬱寡歡的人在一起。

──喬許・費爾格（Josh Firger）

在近期研究中，研究人員發現快樂的人能找到（好的）伴侶，一起踏入婚姻。另一個能證明「快樂具有益處」的實例，則是那些在大學年鑑照片中真心散發喜悅的女性，她們較容易在二十七歲結婚，五十二歲時的婚姻狀況也較令人滿意。

時常帶有負面情緒的人較不易吸引人，較難找到伴侶。所以該怎麼做？即便單身也要保持愉快，做自己喜歡做的事，這樣就能在享受人生的同時找到完美的另一半。

美國傳教士兼作家約爾‧歐斯丁（Joel Osteen）指出，另一半通常只能滿足我們 80% 的需求，但多數人都把焦點放在不足的那 20% 上。

其實應該把注意力放在兩人合得來、相處甜蜜美好的那 80%，並且對此感到滿足！

改善婚姻狀況 ──●

你知道何謂「羅沙達比例」（Losada ration）嗎？將夫妻典型互動的正面情緒表達的總次數，除以

負面情緒表達的總次數，就能得出羅沙達比例。

· 此比例低於零點九時（代表負面情緒表達總數高出
  11%），會導致離婚或婚姻失和。

· 比例高於五點一時（代表正面與負面情緒表達的比
  例為 5:1），婚姻就能長久並令人滿意。

　　感謝能提升正面情緒表達的次數，拉高羅沙達比
例。

　　戴倫·哈迪（Darren Hardy）在《複合效應》
（*The Compound Effect*）書中，提到這個關於感恩的美
妙故事：

　　某年感恩節，我決定替老婆寫一份感謝日誌。在接下來
那一年間，我每天都會寫下至少一項老婆令我欣賞的特點，

例如她與朋友互動的方式、照顧家裡小狗的樣子、把床鋪得舒舒服服的、隨隨便便就能煮出佳餚，還有她每天都能整理出亮麗的髮型等小事。總之我試著列出老婆讓我欣賞的特質、個性跟才能。那年我記下這些小事，到了年底，我就完成這本感謝日誌。

　　隔年感恩節我將這本日誌交給她時，她哭著說這是人生中收過最棒的禮物（甚至比我在她生日時送的BMW還好）！有趣的是，最受這份禮物感動的人其實是我。撰寫日誌的過程中，我不得不注意老婆有哪些正向特質，專注找出她「做對」的事。這種誠心觀察正面事物的心態，讓我毫無心思注意可能會令人抱怨的缺點。我深深覺得自己又再度愛上老婆（或許愛得比以前更深，因為我不僅看到她表面上的特質，更注意到她個性與行為中的枝微末節）。我對老婆的欣賞、感恩，還有在她身上尋找優點的意圖，從來都不曾停歇。這讓我在婚姻關係中變了一個人，老婆當然也用不同於以往的態度來與我相處。而且我很快又發掘更多能寫在感恩節日誌上的小事！自從決定每天花五分鐘，記錄自己對老婆懷抱感

謝的理由之後，我們共度婚姻關係中最美好的一年，而且感情熱度有增無減。

●── 讓人活在當下

別再等待週五、等待夏天、等待有人能愛，甚至等待更好的生活。停止等待就能更快樂，將當下活得淋漓盡致。
──佚名

　　我們總是盤算未來，想著那些我們所缺少的事物，例如更棒的工作、升遷、小孩、新車、更勻稱的體態等……好難達成！人生好累！但你還是能找到那些擁有的不多卻過得更快樂的人，怎麼會這樣？

　　搞定今天的事情後，再來想明天如何獲得更多。

假如不活在當下，就會忘記欣賞我們所處的世界有多美好！

解決辦法是什麼？就是過好今天，活在當下！

模特兒兼勵志導師洛瑞・哈德（Lori Harder）曾說，若想活在當下，心懷感謝就是最佳途徑。

我們只會在美好、順遂的片刻說謝謝，卻不曾對那些刺激、敦促甚至是砥礪我們、讓我們意識到該活在當下的時刻表達感謝。
──牙買加精神導師魔咒（Mojo）

有名男子流落荒島，他每天都祈禱有人能來救他，但始終等不到人。他努力搭建棲身的小屋，在裡頭堆放生活補給品。某日小屋被火燒毀，他放聲大哭：「一切都沒了──神

啊，祢怎麼可以這樣對我！」但隔天竟然有艘船來救他。他問：「你們怎麼知道我被困在這？」船員回答：「因為我們看到島上升起的煙霧。」

這個故事出自《感恩很管用：創造情感財富的 21 天計畫》（*Gratitude Works: A 21-Day Program for Creating Emotional Prosperity*），作者羅伯特・艾蒙斯（Robert Emmons）。

記得，下次你的小屋被燒個精光時，或許就是上帝賜予恩典的象徵！

001. 活在過去是在浪費時間

如果總是鬱鬱寡歡，就代表你還活在過去。假如感到緊繃焦慮，就代表你只想著未來。如果你心平氣和，就代表你活在當下。
──佚名

　　就算犯了錯，也無法回到過去彌補過去，所以原諒自己吧！如果失去某個人，你也改變不了什麼，那乾脆把那個人的好放在心上，重新站起來。

　　十年前我失去生命中重要的人，我悲傷過度以至於夜夜哭泣。就這樣過了幾個月，我決定有所改變。每天早上醒來後我就會出門散步。起初，我會看著花朵，欣賞花朵的美麗，暫時把悲傷放在一旁。後來，欣賞美好事物的時間越來越長，從原本短短幾秒變成幾分鐘，再變成幾小時、接連幾天，我很快又能享受人生。我並不是要大家遺忘，而是請大家活在當下。生命中有許多值得感謝的事物！

開心活在當下，當下也是生命的一部分。
——波斯哲學家奧瑪珈音（Omar Khayyam，1048-1131）

002. 執著於未來並沒有比較好！

　　若一心專注於未來，就會只想著自己缺乏的事物，最後導致焦慮不安。這種情況讓人鬱鬱寡歡，也只會招來負面的人事物。這對未來的人生毫無助益。

　　活在當下才是正解！對能活在當下的機會與時刻抱持感恩，感謝這個世界的美好以及周遭的人群和契機！

感謝生命中的每個當下，感恩之心就能讓我們遠離對過去的悔恨與對未來的焦慮。培養感恩之心，我們就不會嫉妒別人比我們好，或擁有我們所沒有的。雖然保持感恩無法讓你擁有完美人生，但至少能讓我們了解在此時此刻，我們擁有的已足夠，我們已經夠棒了。

——心理學教授、《謝謝！》（*Thanks!*）作者羅伯特・艾蒙斯（Robert Emmons）

　　感謝的益處值得我們好好探討，感謝不僅能點亮我們的靈魂，更能替生命注入活力與熱情。何不今天就來練習感謝呢？只要試著過知足感恩的生活，就能見證感謝替人生帶來的重大轉變。

練 習
感謝書信

只要每天有意識地向生命中富足的事物表達感謝，過兩個月你就會發現自己變成另一個人。練習感謝時我們也啟動一項古老的精神定律：擁有的東西越多，並對此抱持感謝之心，就會獲得更多。
—— 作家、慈善家與演說家莎拉・班・布里亞蒂納赫（Sarah Ban Breathnach）

寄送感恩信件是最強而有力的感謝練習，讓你永遠銘刻於心。
開始構思能寫這封感謝信給誰，他可以是你欣賞、喜歡的對象，也可以是讓你感到憤怒的人。

指南
· 拿起紙筆。
· 把你想感謝的人的照片擺在眼前。
· 寫下他值得讓你感謝的行為舉動。先不用擔心文風和文法，把句子寫下來即可。
· 重讀信件內容，需要的話再加以編輯。

寫完信後，你有以下作法：
· 作法一：貼上郵票把信寄出（收信人真幸運！）
· 做法二：拿起電話，將信件內容朗讀給對方聽（參考此影片示範：https://www.youtube.com/watch?v=oHv6vTKD6lg）
· 做法三：親自拜訪收信人，在他面前朗讀信件。事後別忘記把信交給他。

你一定能做得很好！我實在替你感到高興！寫封感恩信給別人多麼美好！除了自己感到愉快，收信人更是欣喜，絕對是雙贏！

幾年前我寫了一封感恩信寄給一名女子，她在我童年時讓我對自己更有自信。當年她做了一件對我幫助甚大的事，我在約莫五十年後寫下這封信，讓她知道當時她的協助對我而言有多重要，而且那件事更鼓勵我直至今日。雖然並未收到她的回信，但我在大哥的喪禮上碰到他的姪女，也就是我的前任鄰居。她說阿姨每天都會把我的信拿出來讀，每次讀信時都很歡喜。能回饋生命中重要的人真的是一種福氣。聽到她姪女的這番話，知道我的信有辦法讓她洋溢在快樂之中，我心中的幸福感又加倍了。

——佚名

章節重點摘要

· 感謝讓人更快樂，也能延長壽命、提升睡眠品質。

· 感謝提昇工作效率和生產力，讓人順利達成職涯目標、更享受工作。

· 感謝讓人更樂觀，較不執著於物質生活，並提升自尊心。

· 感謝助人找到另一半、改善婚姻生活。

· 感謝讓人活在當下。活在過去是在浪費時間。只執著於未來會讓人一心只想著自己缺乏的事物。活在當下，快樂地專注在每個時刻，因為生命就是由這些「當下片刻所構成」！

· 寄送感謝信是最強而有力的感謝練習，收信人跟你都會永遠將信放在心上。

PART
2

邁向感謝之路

Chapter

第三章

迎接正向能量的到來

一般來說，我們不會在日常生活中注入感謝的念頭，因為我們實際上根本不曉得該怎麼做。

——心理學教授、《感謝很管用》（*Gratitude Works*）作者羅伯特‧艾蒙斯（Robert Emmons）

我們現在就來探討，對人事物真正懷抱感謝究竟是什麼感覺。等一下肯定會有一股強大的力量貫穿你的全身跟大腦！準備好了嗎？那麼，感謝到底是什麼感覺？

真正感到感謝時，會有一股暖流貫穿全身。這股暖流從心出發，接著延伸到手臂、腿部、脖子還有頭腦。真正感到感謝時，嘴巴周圍的肌肉會上揚，形成燦爛的微笑。此外，眼神也會更柔和，也會抬頭看向天空。你能察覺到體內有一股強大的力量湧動。記得戀愛時的感覺嗎？感謝就是這種感覺，在你肚子裡飛舞的那些小蝴蝶，就是感謝幻化而成的！

感謝是通往心境平和與內在快樂的捷徑。無外外界發生什麼事，總能找到值得感謝的事物。

——《快樂是一種選擇》（*Happiness is a Choice*）作者貝瑞‧尼爾‧考夫曼（Barry Neil Kaufmann）

　　住在紐約的我每天走路去上班時，就會順便練習感謝，我時常感到感謝之情充溢心中。我開始對路人微笑，也不時仰望天空。從某個時間點開始，我開始感到不自在，不知路人心裡會怎麼想，但我還是繼續保持這種心情。我可以保證這種心境實在是太美妙了。心中越是感激，這種美妙的感覺就會越踏實，你也會更快樂、更有吸引力（從各種角度來看）。此外，這個練習是免費的，也不受時間和空間限制！

我這輩子執行《祕密》書中的方法，從親身經歷以及在其他書上讀到的內容來看，感謝的力量比其他事物都還強大。

——《祕密》（*The Secret*）作者朗達‧拜恩（Rhonda Byrne）

　　很少人知道快樂的方法就蘊藏在感謝之中，感謝具有治癒我們、創造生命奇蹟的力量！

　　其他人在談論我時，常用「幸運」這個詞來形容我。這個說法很有趣，因為我人生中的好事都是受感謝吸引而來的。這也是為什麼我會寫這本書，我想大聲告訴大家感謝的強大力量能讓人獲得快樂、健康、財富以及好運！

　　運用感謝的力量後一切都會有所改變，你就會彷彿住在天堂一樣！

　　第一次練習感謝時，可能會被體內湧起的強大力量嚇到。但不要擔心，所有力量都有其歸屬，你只是直接觸碰到能讓一切美夢成真的力量罷了。其實能感

受一直潛藏於體內的力量，是件非常美好的事。

　　以下這首美妙的詩就是在談論這股力量，這首作品來自約翰・史奎德拉（John Squadra）的〈狂喜〉（The Ecstasy）。

　　若能將書本與傳教士的話語暫放一旁，

　　仔細聆聽小花心中那道裂縫中綻放的聲響，

　　就會聽見曼妙的歌曲在寬闊海面上飄蕩。

　　海水是連接島嶼的音樂，

　　串聯了整個宇宙，

　　並且觸動萬物。

　　你能感受到這股力量圍繞身旁，

　　用光芒將你擁抱。

　　在這道光中，

萬物獲得生命，

永遠生生不息。

提升感謝程度的九大訣竅 ——●

　　練習感謝十年、讀過無數篇研究後，以下是我整理出的九個能輕鬆、有效提升感謝程度的訣竅：

001. 從內在開始感到感激

會發生什麼事呢？會有奇蹟發生！你會發現自己進入平和優雅的狀態，每天都充滿感謝。

—— 《看不見的繩子》（*The Invisible String*）作者派翠斯・卡斯特（Patrice Karst）

從現在起，每次有人替你做事時都要說「謝謝你」。但除了說謝謝之外，也要停下來注視對方的雙眼幾秒鐘，並發自內心微笑，就像心中有團愛的火球在燃燒。感覺自己把這份愛傳遞給他，對他真誠地微笑。也想像自己正朝他釋放感謝的魔法煙霧。

宇宙希望你過得快樂。感受這股力量，感受生命！

002. 留意細節

若想提升感謝練習的投資報酬率，只要留意細節就能有額外收穫。

——作家、人生導師瑪麗‧弗萊奧（Marie Forleo）

心中感到感謝時，想想感謝的原因為何，例子越

多越好。

我常說「因為……所以我對……很感謝。」舉例來說：

因為我能走、能跑、能跳，還能爬山，所以我對這雙腳很感謝。它們讓我能隨意走到想去的地方。

oo3. 如果難以體會感謝的感覺，試著想像失去的感覺

如果覺得要對某人或某物懷抱感謝很難，那麼就想像你已經失去了這樣東西、能力或這個人。例如，如果很難對另一半懷抱感謝之情，就想像如果沒有遇見他，人生會是什麼樣子。接著，再回想對方讓你喜愛的特點，對他抱持感謝。

oo4. 閉上雙眼

　　如果可以的話，盡量在培養感謝的情緒時閉上雙眼，這能提升感謝的強度。別忘記，感謝的情緒是最重要的，情緒越濃烈越好。

　　閉上眼，試著說些話，例如：「我好感謝這雙腳。」接著深呼吸，感受那連接身體的骨骼、包裹雙腳的肌膚、協助平衡的肌肉，並將這些感受與貫穿全身的神奇力量結合，並為此感到感謝！其他事都不重要，這才是真正屬於你的時刻。最愛這個時刻！

　　說來有趣，每次我閉上雙眼體會感謝的感覺時，頸部就會自然放鬆，雙眼直接望向天際，臉部肌肉向上提，形成燦爛的微笑。

005. 動筆將感受寫下

寫下感謝的人事物能帶來特別的力量。將想法具體寫在紙上，或記錄在手機軟體上！盯著這些具體的文字，這些事也會逐漸成真。你讓這些情緒有了實際的形體，恭喜！

落筆的同時你也在創造，將思想化為現實，在你把感謝寫在紙上的那一刻，感謝也順利成真。

我自己很喜歡把感謝的事物寫下來，我喜歡拿筆寫下心中最美善、最令我感到光榮的事物。

分享額外祕訣，書寫時找一本美麗的筆記本跟你愛的筆。別忘了，美麗的意念值得用最棒的工具記錄下來。

目前我因為懷孕的關係，加上沒辦法太早起床，

就趁通勤時間用手機應用程式紀錄感謝的念頭。這樣做也非常棒！每次抵達目的地時，總能帶著笑容下車！

006. 在筆記最後寫下三次「謝謝你」

每次在紙上或通勤時於手機上寫下心中感謝的事物時，再多花幾秒鐘寫三次「謝謝你」。這樣就能多花點時間，讓感受進到心裡去。

007. 重讀筆記

完成感謝筆記後再重讀一遍，能朗讀出來更好。讀著讀著，你一定會忍不住微笑！雖然不需要板著一張臉讀感謝筆記，但有時內心那股美妙的力量，實在讓人忍不住笑意！

008. 變換感謝練習的模式

有時候你也需要新的刺激！

不時變換練習感謝的方式，才不會覺得每天都在重複一樣的步驟。例如可以選一天放下紙筆，不做感謝筆記，到公園裡來一趟感謝散步也不錯。

每個人都是世界上最重要的一份子，不要讓自己過度緊繃疲勞。多擁抱、多感受愛，偶爾原諒、放縱自己。你現在處於對的地點、對的時刻，正是百分之百的完美狀態。

009. 感謝與吸引力法則

最簡單的冥想，就是想著自己感激的事物。先這樣冥想五分鐘，再想著自己渴望的事物。

——《雞窩頭下的金頭腦：給魯蛇們的 31 道成功啟示》（*Choose Yourself*）作者詹姆士・阿特切（James Altucher）

　　寫下心中感激的事物之後，正好能跟宇宙祈求自己渴望或需要的事物。怎麼說呢？因為此刻你的頻率正好能讓一切成真！利用這個片刻向宇宙求助，這個時候彷彿能與讓奇蹟發生的存在直接溝通。好好利用這個機會，享受魔幻人生！

大衛・斯坦德拉修士的神奇啟示

我們手中握著通往快樂人生的關鍵——就是感謝。如果我們不抱持感謝之心，就算擁有多少都不會感到快樂，只會不斷渴求自己尚未擁有的事物，慾望越來越大。

——作家、天主教本篤會修士大衛・斯坦德拉（David Steindl-Rast）

本篤會修士大衛專門幫助民眾理解感謝的力量。他以感謝為題的演講，在 TED 平臺上點閱率已超過六百萬人次，如今他也在全球推動驚人的感謝運動。以下是他知名影片的逐字稿，演講內容為「美好的一天」。請讀這篇稿子，好好享受這篇文章！有時間的話我也建議大家去看整段影片（http://www.lauramoreno.com/the-gratitude-revolution/brother-david/）。

看完這部影片就像如獲至寶！

美好的一天　講者：大衛・斯坦德拉修士

你會想今天只不過是生命中的其中一天……

但事實不然。

這是你獲得的一天──今天……

這天是給你的贈禮。

這是一份禮物。

這也是你現在唯一擁有的禮物……

回應這份賀禮的唯一正確反應，就是心存感激。

若你心無旁騖，好好讓這份感恩之情在心中累積，

感念這天有多特別……

若你能把這天當作是生命的第一天，或是人生最後一天

就能將這天過得淋漓盡致。

每天醒來睜開雙眼，都要驚訝於自己還能保有這對眼睛

眼睛接收繽紛斑斕的色彩，

讓我們沉醉於歡快愉悅的情緒中。

抬頭仰望天空，

我們好少仰望藍天，

也鮮少注意每分每秒天象的變化和雲朵的來去。

我們只惦記著天氣，

但儘管想著天氣，我們也忽略了氣候的千變萬化⋯⋯

心裡只有「好天氣」和「壞天氣」。

今天，此刻，天氣是多麼獨特，

或許這般天氣未來不會再有⋯⋯

空中雲朵千姿百態，下一秒的形狀都與上一秒不同⋯⋯

睜開眼睛，仔細觀察。

觀察眼前的人究竟長什麼模樣。

每張臉背後都有令人歎為觀止的故事，

每個故事都極具深度，難以窺探全貌。

其中不僅包含他們自身背景，還有他們祖先的故事。

每個人都帶有淵遠流長的歷史……

在這天的此時，每個和你相遇的人，

來自不同世代、世界不同角落的人匯聚於此和你相遇，

就像生命賜予的泉水，只要你願意敞開心胸就能暢飲。

打開心房，接納文明給我們的美妙贈禮。

只要扳動開關，就能開啟電燈。

只要旋轉水龍頭，

就有溫熱、冰冷，以及可飲用的水源……

這份贈禮，世界上好幾百萬人都無法擁有。

以上僅是無數贈禮中的幾個案例，

這些你都能放開胸懷好好接受。

我期盼你們都能敞開心房接受這些祝福，

讓美善的事物在心中流轉。

只要透過你的雙眼、微笑、輕輕的撫觸，

甚至是你的存在，在這天和你相遇的人也能受你祝福。

讓感恩之情與體內的祝福合而為一，

這天就會真正成為美好的一天。

感謝，就該說出來 ──●

心中有感恩之情卻不表達出來，就像禮物包好了卻不送出去一樣。

──作家威廉・阿圖・沃德（William Arthur Ward，1921-1994）

二〇一六年，我碰到一位跟母親相處不睦的女士。當時她即將去跟母親住兩個禮拜，覺得噩夢降臨，整個人相當緊繃。我問她是否寫過感謝信給母親，因為這個辦法過去幫了我好大的忙。她說她早就寫了，甚至還替母親畫了一幅畫表達感謝。後來我問她母親怎麼回應，才知道她竟然沒把信跟畫送給母親，我聽到後驚訝得說不出話！

請不要再犯這樣的錯誤。如果你對某人懷抱感謝，就應該讓他知道。不管是用寫的、說的還是唱出來，只要你喜歡都好！但若只把感恩放在心裡，這可是起不了作用的。

進行一場本世代最偉大革命

我們這個世代最偉大的革命，就是發現原來人類只要改變內在思考與態度，就能影響所處的外在世界與環境。

——哲學家、心理學家威廉・詹姆斯（William James，1842-1910）

　　過去二十年來，我們的整體思維不斷改變，越來越多人體會到其實自己就擁有快樂的力量。

　　開始覺得自己該獲得更多、更好的時候，請立刻停止，對權利的貪婪是不開心的根源。請換個想法，想想自己能夠感謝的事物。舉例來說，在職場上我們偶爾會覺得應該受到更好待遇，例如薪水更高、更多肯定，什麼都要更多！但這種缺乏的感覺並不會讓你真的達到目標，唯有對現有的一切感到滿足，才有可能達成理想，獲得一份很棒的工作、美麗的辦公室、與自己相處融洽的同事、一間完美的公司，還有令人滿意的薪水。專注於感謝現有事物後，才能真正得到更多！

如果你送某人一份禮物，但對方完全沒有跟你道謝，你下次還會再送嗎？人生也是同樣的道理。為了在人生中吸引更多祝福，一定要對現有的一切抱以感謝之心。

——足球員雷夫‧馬爾斯頓（Ralph Marston，1907-1967）

　　如果想改變這種態度，得先改變自己的思維模式，才能真正具有鍊金術士的力量，將負面轉為正面。

練習感謝不是只在紙上做做筆記，而是要施展鍊金術。關注生命中的好事，真的就能改變一切，無論是萬物的形體、金錢、心理還是情緒都能改變。感謝真的能讓原子重新排列，讓分子重新組合。

——《感謝與致富》（*Thank and Grow Rich*）作者潘姆‧格魯特（Pam Grout）

態度決定快樂程度 ──●

談到人生，最重要的是你是否將一切視為理所當然，還是對萬物懷抱感謝之心。

──作家、哲學家 G・K・徹斯特頓（G. K. Chesterton，1874-1936）

　　你對世界的態度決定你是個快樂或是不快樂的人。你能選擇心懷感謝，也可以將一切視為理應如此；而此態度就決定了人生的快樂與否。選擇權完全在你身上！

　　索妮亞・柳波莫斯基（Sonja Lyubomirsky）的《這一生的幸福計劃》（*The How of Happiness*）一書提到，每個人這輩子的快樂程度有 50% 是基因決定，10% 是受外在事物影響，剩下的 40% 是**自我控制**。

　　所以你可以自己將快樂程度提升 40%。**讓我再重**

申一遍，你今天就可以將快樂程度提升 40%！而且根據正向心理學，讓自己更快樂的首要方法就是感謝。

感謝能讓平凡的日子變成感恩節，讓尋常瑣事變成喜樂，讓平凡無奇的機會變成祝福。

——作家威廉・阿圖・沃德（William Arthur Ward，1921-1994）

有趣的是，住在紐約的我觀察許多人，大家都覺得自己值得更好的工作、賺更多錢，享有更多權利。其實這種想法讓他們鬱鬱寡歡，一直在追尋自己缺少的事物，並堅信獲得這些事物會過得更開心。布芮尼・布朗（Brene Brown，1965）曾說：「恩典與應得權利之間的差別，就在於是否懷抱感謝之心。」

同時，費德瑞克・札彭恩（Federick Zappone）也說：「假如社會上充斥的廣告，目的都是讓消費者

不滿意自己已擁有的一切,渴望購買身邊缺乏的商品,那想要當個快樂的人就很難。」

　　如果你覺得自己應該擁有更多,請立刻停止這種想法。閉上眼睛,深呼吸,對氧氣說聲謝謝,感受自己的身體,感受衣物帶來的溫暖觸感。活在當下,積極感受每秒鐘,細細品味每個片刻。

　　零抱怨的世界股份有限公司(Complaint Free World Inc.)發放將近六百萬個紫色手環,上頭飾有醒目的公司名稱。配戴這個手環的人只要發現自己在抱怨,就得將手環換到另一隻手上,此計畫的終極目標是連續二十一天不將手環換手。

　　作家威爾‧鮑溫欲傳達的理念很簡單:停止抱怨。如果能辦得到,就能更快樂、更健康。他的目標是要大家連續二十一天不抱怨,為什麼是二十一天?根據鮑溫的說法,要破除一個習慣需要二十一天,他

曾上歐普拉的節目和《今日秀》（*The Today Show*）介紹不抱怨挑戰這項活動。因為並無科學實驗能證明這項計劃有效，所以他請參與此計劃的民眾見證自己在停止對人生吹毛求疵後，真的過得更正向樂觀。

當你選擇抱持感恩的心、對萬物感到感激時，人生會因此改變。這是人生中最重要的一項決定。正如歐普拉的名言：「如果你想改變人生現狀，先從懂得感恩開始。」

●── 別像「快樂水車」上的倉鼠

重點不在於我們擁有多少，而是我們有多享受其中，這才是快樂的關鍵。

——被譽為「牧師中的王子」的查爾斯·司布真牧師（Charles Spurgeon，1834-1892）

「快樂水車」（hedonic treadmill）這個概念，指的是人類不管經歷正向或負向的事件影響後，都能快速回到一個相對穩定的快樂狀態。心理學家布里克曼（Brickman）與坎貝爾（Campbell）在一九七一年發表一篇論文〈享樂相對論與良善社會之規劃〉（Hedonic Relativism and Planning the Good Society）。

根據這個理論，收入越高時，我們的期望和欲望也會相繼成長，導致永遠無法保持快樂。

簡單來說，這個理論就是說人類永遠無法對現有事物感到滿足，我們總是渴望更多，像倉鼠在轉輪上跑呀跑地尋找快樂。

雖然我們無法避免這個現象，但至少能對其抱持警覺。請記得，快樂就在當下。懷抱目標跟理想固然很美好，但追尋也要適可而止。

尋找感謝對象

快樂的方法只有一個，就是控制自己的思想。

── 《卡內基溝通與人際關係 ── 如何贏取友誼與影響他人》（*How to Win Friends and Influence People*）作者戴爾・卡內基（Dale Carnegie，1888-1955）

　　其實值得感謝的事物有成千上百件，但因為我們一開始還不習慣對這些事物抱持感激，要找到表達感謝的對象與內容實在不容易。

　　不要擔心，下一章節我們就會談到「能對哪些事物表達感謝」，所以再忍耐一下。歐普拉曾說：「當你覺得自己一無所有時，靜下來深呼吸。」

　　人生難免會經歷一些疲憊、憤怒、悲傷的時刻，有時我們根本不想起床，心中一點感謝也沒有。這種

經驗我都有，我當時以為自己再也無法快樂起來。

不過慢慢來，看著鏡子中的自己說：「嘿，美女！早安。」然後微笑（我保證鏡中人也會以微笑回應）！愛自己、照顧自己，今天你最亮眼、最完美。

遠離負面之人 ——●

碰到負面訊息時，我們的思維模式就像魔鬼氈一樣；但碰到正向的訊息，卻又變成鐵氟龍不沾鍋。
——《佛陀的思維》（*Buddha's Brain*）作者與心理學家瑞克‧漢森（Rick Hanson）

如果身旁都的人都散發負面氣息、鬱鬱寡歡，那你也會變得負面、不快樂，反之亦然。若想知道旁人是怎麼影響自己，只要分析跟他們說過話之後的感受

就知道了。如果心裡不太自在，那這段關係對你來說
或許不太合適。

　　身邊的人最好能讓你更快樂、更樂觀，對人生更
有熱情！巴哈伊信仰（Bahá'í）創辦人巴哈歐拉
（Bahá'u'lláh，1817-1892）曾說：「懂得感謝的人在
任何情況下都能保有感謝之心。但愛抱怨的人就算生
在天堂也永不滿足。」

　　戴倫‧哈迪（Darren Hardy）在《複合效應》
（*The Compound Effect*）書中提到各類型的人際關係，
實在令我大開眼界。他劃分的類型如下：

· **斷離型關係**：你必須跟這類型的人徹底斷絕往來，
　因為他們對你有負面影響。斷絕關係不容易，但若
　你想繼續成長、過得更快樂，就必須遠離這些人。

· **限定型關係**：跟這些人相處的時間不得超過一定限

度，或許是三分鐘、三小時或三天，但絕不能跨越界線。找出身旁的限定關係型親友，避免他們對自己產生負面影響。

· **擴張型關係**：這類人際關係值得好好發展愛護。找出身邊有哪些人具有值得學習的正向人格特質，多花點時間跟他們相處。舉例來說，如果我想成功經營網路事業，交友圈中剛好有三個人有相關經驗，下一步就是和他們聯絡、培養人際關係。企業家吉姆・羅恩（Jim Rohn）曾說：「接觸一個人的時間，是他最常接觸的五個人的平均值。」切記，你不必非得跟這些人面對面來往，讀讀他們的著作也能更了解他們！

我在這本書中一直表達對吉姆・羅恩的贊同，除了我父親之外，吉姆是對我影響最深的心靈導師。我跟吉姆的關係就是擴張型關係的最佳例證。除了私下跟他吃過幾頓飯，偶爾在活動後臺

或採訪時碰到他，我最常跟吉姆相處的片刻，就是在車上或客廳時聽他的演說。我花超過一千小時直接獲取吉姆的智慧和經驗，其中有 99% 是透過閱讀他的著作或聽他的演講而來。

——《複合效應》（*The Compound Effect*）作者戴倫・哈迪（Darren Hardy）

●── 強迫別人改變，不如用對方式

簡單來說，要改變別人是不可能的。《道德經》告訴我們學生準備好時，老師自然會出現。

即使你有充分理由，也絕對不要強迫別人改變！一個人想要改變時自然會變，過早迫使他人是無用的！

雖然這麼說，還是有其他方式能影響他人。請看我的實例：

有天早上我在筆記本中寫下自己感謝的事物，這

時丈夫走進房內。因為他對這種事不怎麼感興趣，所以我偶爾會擔心，不知他心裡是怎麼看我的。這時他問我在想什麼，我說自己在想一件以前從未感謝過的事。他開始跟著我想，過了兩秒後他說：「繪畫！」我說：「什麼？」接著他花了十分鐘跟我解釋自己為何要對繪畫表達感謝！我也聽得非常激動！

善用潛意識 ──●

潛意識不會和你打架，只會接受大腦清醒時所下的指令。如果你說：「這個我買不起。」潛意識就會讓這個念頭成真。

── 《潛意識的力量》（The Power of Your Subconscious Mind）作者約瑟夫・墨菲（Joseph Murphy）

　　心理學家發現我們的頭腦受兩種系統控制，也就是理性思維（清醒）和情緒思維（潛意識），這兩個

系統會互相爭取主控權。理性思維告訴我們要鍛鍊體態，但情緒思維則想吃巧克力餅乾。這兩個系統的運作層級不同，但也具有互補作用，缺一不可。

我們常說大腦就像冰山，裸露在水面上的是理性思維的區塊，而在水面下的 90% 則是潛意識。

想像有一頭大象跟騎象人，理性思維就代表那位大象騎士。和大象相比它的體型相對嬌小，而強壯的大象往自己想去的方向前進時，騎士必須加以控制。騎士該怎麼做才能讓大象聽話？

當我們不斷用正面、感謝跟快樂的模式來訓練大象，大象也會變得更正向、感謝跟快樂。這樣騎士就能與大象和諧共處。當理性思維和情緒思維能並肩運作時，人生就會過得更愉快。

令人驚訝的是，負面和感謝的情緒無法並存，人

也不可能在快樂的同時感到憤怒。這種事我們辦不到。所以當你花心思去體會感謝，心中就沒有空間容納負面情緒，負面情緒就會煙消雲散。

只有一件事能在潛意識中留下印象，那就是反覆應用練習。你在心中練習什麼，都會自然而然在行為舉止中呈現。

——英國小說家費伊‧韋爾登（Fay Weldon）

　　人生短暫，我們應該活得淋漓盡致。快樂才能維持健康，不只家人希望你平安快樂，社會更希望大家都如此，但要如何感到快樂？關鍵就在一顆感謝之心。

該原諒那些讓你怨恨的對象嗎？ ──●

心懷怨恨不會讓你變得更強壯，只會讓你變成刻薄的人。原諒

不會讓你變得較脆弱，反而能讓人獲得自由。

——《愛的七個法則》（*The Seven Laws of Love*）作者、牧師大衛‧威爾斯
（Dave Wills）

　　我的朋友安娜十七歲時被強暴，當時她還是處女。她感到羞愧至極，因此完全沒跟別人提過這件事。她將這件事封鎖，遺忘了將近十年後，在我們的原諒活動中又想起此事。她哭了出來，表示無法原諒強暴她的人。她從未對任何人提起此事。對她來說，原諒等於要她接受那個男人，而她現在還辦不到。過了一陣子之後，她終於原諒那人，她的人生也開啟嶄新的一頁。

　　也許你不知道心中的障礙究竟是什麼，但還是要試著原諒某人，或原諒某個令你不悅的事件。放下心中的怨恨後（要保持耐心，有時需原諒的事情很多）再心懷感謝，向當時怨恨的對象或事物表達感謝。沒

錯，我就是要你們感謝曾令你憤怒的人事物！若你曾
對上司不滿，我想要你去對他說很感謝他，也很謝謝
他給你這份工作。很快你就能發現人生有所轉變！

　　來到本章結尾，讓我們來做個威力強大的原諒練
習。

練 習
原諒

道歉需要勇氣，原諒需要更大的勇氣。
──佚名

1. 寫下**所有**過去做過，但自己卻不太願意承認或回想的事。從童年到現在，以及生活各領域的事都可以，例如感情、家庭、健康、朋友、工作或金錢等。現在你肯定會想：「想著這些事，我的心情怎麼可能好得起來？」相信我！心情會轉好的！
2. 現在，站起來將第一件不堪回想的事唸出來，唸出來之後說：「我徹底、完全地原諒自己。」接著擁抱自己三秒鐘（照著我的話做就對了，做完一定心情會好很多）。
3. 把寫下的清單全部照這個做法唸過一遍，每一項唸完之後都擁抱自己。
4. 將清單唸過一遍後，找個安全的地方將那張紙燒成灰燼，並目睹全程，看著這些歷史被火的淨化能力帶走。
5. 結束後放鬆心情，你可以大哭一場，或放聲大笑，只有你知道自己會有哪些感受。放寬心迎接這些情緒，然後愛自己、永遠接納自己。

從現在起，每次因為自己做了什麼事而感到不舒坦時，就拿紙筆把事件寫下，並在最後寫上：「我徹底、完全原諒自己，我愛自己。」朋友啊，你是完美的。我真心誠意相信你是完美的。

專業建議：看著自己試圖原諒的人時，想像自己正在給他一個深長的擁抱，並將身上三十七兆個細胞中的愛和感恩傳遞給他。還在遲疑嗎？趕快原諒他吧！

感謝能帶來一股流竄全身的強大能量，這股美妙的力量能立即改變你的心情。

感謝是免費的，隨時隨地都可擁有。

感謝能治癒我們，替生命帶來奇蹟。

值得感恩的事永遠不嫌少。

提升感謝之心的訣竅：(1)感受內心的感恩。(2)細想感謝的細節。(3)如果難以體會感謝，就想像自己彷彿失去這個人、事或物。(4)感受感謝時閉上眼。(5)將感謝的對象或事物再次説出口。(6)寫下或説出口後講三次「謝謝你」。(7)大聲將值得感恩的對象或事物寫下，要時常表達出來。(8)時常變換練習感謝的流程。

別把感謝放在心中，要時常表達出來。

有40％的快樂程度操之在己！這代表你能比現在更快樂40％。

感謝是讓自己快樂的最棒工具。

若身邊都是不快樂的人，你也會變得不快樂。請跟能讓自己快樂的人相處來往。

你無法改變別人，但能以自己為榜樣帶領別人。

正面與負面情緒無法同時存在。讓正面思考將自己淹沒，你就會像住在地球上的天堂！

原諒讓你擺脱束縛。原諒過去的人事物，養成每天原諒的習慣。

章節重點摘要

Chapter

第四章

每天都要持續的事

我們的重複行為造就我們，所以卓越不是一種行為，而是一種習慣。

——希臘哲學家亞里斯多德（384 BC - 322 BC）

為何需要每天不間斷？ ──●

　　我們之所以需要制定感謝流程，是因為不這麼做的話會忘記懷抱感謝之心，失去感謝的驚人力量。其實感謝很容易，但如同吉姆・羅恩（Jim Rohn）所說：「簡單的事通常執行起來不容易。」

　　其實要設定時間來練習感謝不難，比較有挑戰性的是制定感謝例行流程。研究顯示要養成一項習慣必須連續三個月持續執行。過了這三個月，你就會覺得這件事不得不做！這時就變成自然反應！

　　潘姆・格魯特在《感謝與致富》書中提到：「若

我們不停下來好好把生命中的大小事存進腦海，腦中的瘋狂聲音就會把我們擊潰。」

這就像試著讓火車啟動一樣。一開始要費好大的力量才能讓車移動幾英寸，但進入動態後，要再讓車子停下來就不容易了！

結合自己付出的所有努力後，就能獲得感謝力最驚人的效果。如此強大的效果顯示，若想在人生各領域獲得成功，就得不斷重複這項行為。

採取行動其實很簡單，但要讓這個行動變成習慣就需要持之以恆。行動來自習慣，各種習慣將我們塑造成如今的模樣。你絕對會希望讓感謝成為自己的習慣，這樣才能體驗到生命中最驚人的力量。

如何邁出第一步？ ──●

001. 每日設定一個特定時間

若想天天練習感謝，最好能空出三十分鐘來。選定一個練習感謝的時間，並持之以恆地在那段時間練習感謝。

我通常喜歡在早上練習感謝，因為這是美好一天的開始。我通常在清晨六點半起床，然後在筆記本裡寫下五件我感謝的事，也會盡量將感謝的目標放在人而非物質事物上，這樣我也會感到更快樂。

接著我也會每天寫下一件自己對老公感謝的事。我會特別用另一本筆記本記下對老公的感謝筆記，他每天早上起床讀這本筆記時，我會很享受地看著他。

他臉上總是掛著迷人的微笑！

如果沒辦法撥出三十分鐘也無妨！可先從短短幾分鐘開始，再以三十分鐘為目標慢慢努力。就算只有五分鐘，也比一分鐘都沒有好。當自己能專注練習感恩整整三十分鐘，我發現這樣效果最好，不過最重要的還是找出適合自己的例行流程。

有時較晚起床，我就會在早上通勤時在手機裡記下感謝的事項，上班時我臉上就能掛著大大的微笑！任何筆記應用程式都可以，我自己是用 Google Keep。

如果是開車或騎機車上班，也能利用手機的錄音軟體把感謝事項錄下來。錄完之後別忘了播出來聽，這能讓你更快樂！切記，感覺與情緒的強度非常重要。

如果我的感謝筆記裡有提到別人，我都會試著發

送文字訊息給對方。通常他們的回覆都令人感到溫暖！讓別人快樂，自己也會感到很快樂！

002. 記錄進步

若想制定例行流程，最好能設定目標、記錄自己的進展。我都會記錄自己每天早上是否有練習感謝。我的目標是從星期一到星期五，每週練習五天。

每逢週末，我就會替自己打分數。如果這週表現得不好，我就會問自己表現不好的原因並期許下週能有改進。如此一來，我不僅能記錄自己的表現，更能提醒自己不要鬆懈。

戴倫‧哈迪曾在書中教導讀者如何成功養成習慣、達成各種目標，那本書名叫《活出生命中最好的一年》（*Living Your Best Year Ever*）。這本書值得一

讀，裡頭還附有記錄進程的每週計劃表。我目前用的
就是書裡的表格，推薦你們使用。

003. 我們都是人，讓自己喘口氣

有時無法天天練習，這也是人之常情，不需要責
備自己。雖然很清楚自己沒有練習感謝，但絕對不要
有罪惡感或覺得自己很糟糕。別忘了，你是完美的。
只要一有辦法，就專注精神讓自己重回軌道，並在練
習當日對自己碰到的人事物給予更多的感謝。

一切都會好轉

感謝的效果顯著，而且感受來得相當快！從開始
練習感謝的那天起，一切都會好轉，你也會感到更快
樂。

感謝能立刻讓你有快樂的感覺。若想擁有美滿的人生，感恩就是關鍵。隨時隨地都能懷抱感謝之情！

練習
感謝日誌

最難學會的算數，就是細數自己擁有的祝福與恩典。
——《人的境況之反思》（*Reflections on the Human Condition*）作
者賀佛爾（Eric Hoffer）

瑟碧娜・艾力西斯（Sabrina Alexis）在〈給予感謝：感恩如何拯救
人際關係〉（Giving Thanks: How Gratitude Can Save Your
Relationship）文章中提到以下故事：

多年前某位老師建議我練習感謝，當時我認為這是自己聽過最荒
謬的言論。我自認是個懂得感謝的人，完全不知道這項建議還能
帶給我什麼益處。不過我還是姑且一試，才發現天啊……沒有想
像中簡單。老師要我每天寫下三件心中感謝的事。聽起來不難。
但重點是這三件事不能重複，也不能寫從前提過的事。

日子一天一天過去，練習的難度也越來越高，我發現自己也有所
改變。我開始積極尋找值得感謝的事物。一開始，我只想趕快找
到三件事交差，就像一大早起床健身那樣。原以為這項任務的難
度會逐漸提高，不過有趣的是，幾週之後要我找出三件感謝的事
竟然越來越容易。我很快就能找出三件以上值得感謝的新事物。
我持之以恆好幾個月，發現這項練習真的能改變人生。我感到沉
靜自在，也比以前更快樂。

如何進行這項練習：
1. 選定每天最適合寫日誌的時間，我個人偏好早晨，這樣就能體
   驗感謝在接下來一整天帶來的效果。
2. 買本漂亮的筆記本跟一枝精美的筆，讓自己更快樂。

3. 每日預留三十分鐘練習感謝。

4. 寫下五個能表達感謝的對象或事物。五件事不能重複！

5. 再寫下對這些事項懷抱感謝的理由。

6. 寫完每個句子，在句尾加上「謝謝你，謝謝你，謝謝你。」

盡可能挖掘心中的感受和細節。瑪麗‧弗里奧就曾說：「如果我們想從感謝那裡獲得最大效益，就要盡可能清楚表達感恩的緣由。」

章節重點摘要

‧ 感謝不難，但如同吉姆‧羅恩所說：「容易做的事，做起來其實不容易。」

‧ 研究顯示一個行為得持續實行三個月才能變成習慣。所以我們才需要執行感謝流程。

‧ 感謝只有在你將所有力量結合起來時才能發揮最大效用。如此強大的效果在在顯示，若想在人生各領域獲得成功，就得重複練習。

‧ 若要制定流程，就要先設定練習的特定時間，並追蹤練習狀況。

‧ 經證實寫感謝日誌是讓人感到快樂最有效的方法。

Chapter

第五章

用「生命之輪」
評估人生

在這章我們可以開始評估自己的人生現況。這個練習非常重要，必須仔細將所有題目做過一遍，找出人生中有哪些事情正在消耗你的能量。

這個練習叫「生命之輪」，是由成功激勵學院（Success Motivation Institute）創辦人保羅‧麥爾（Paul J. Meyer）所設計。透過這個練習，你能清楚看到自己目前的人生跟理想中生活有何落差。

練習「生命之輪」能找出目前尚待改進的人生區塊，並在此區塊加強，因為失衡的生活會造成壓力，讓人不快樂。快樂，其實是由生活的區塊構築而成。

若想讓「感謝」成為人生的一部分，快樂與平衡也不可或缺。生命之輪是個簡單卻具有強大力量的工具，能讓你達成上述目標。此練習能讓你評估現下的人生，找出失衡的領域，才能進一步想辦法解決，讓人生各個部分達成平衡。

　　因為人生階段和優先順序會持續變動，所以每年至少要做一次這個練習。希望大家都能從中獲益！

●── 如何觀察自己的「生命之輪」

　　此練習約十五分鐘，回答每個問題時請給零至十分，十分為最高分。

　　回答問題時若有遲疑可花時間慢慢想，寫下腦中直覺閃過的那個數字。

規則

1. 以零到十分回答以下問題。

2. 每部分有十題，請將每部分的總分除以十。

3. 將分數標記在圖表中（請四捨五入：若得七點八分則為八分，七點一分則為七分。）

4. 將所有點連起來。

5. 觀察生命之輪的形狀，分析練習結果。

完成八大項提問 ——●

第一部分：身體健康

1. 我有定期做健康檢查，包含牙齒檢查。

2. 我每週運動至少三次。

3. 我的體重為理想體重。

4. 我每天至少喝六杯水。

5. 我很快樂，對自己對外的形象很滿意。

6. 我每天至少吃五份蔬果。

7. 我每天能不間斷地熟睡八小時。

8. 我從來不吃糖果或速食。

9. 我每週看電視的時間不超過五小時。

10. 我無條件地愛自己。

　　這部分總分除以十是幾分？＿＿＿＿＿＿＿＿＿＿＿

第二部分：財務狀況

1. 我身邊的現金量至少可撐六個月，能夠應付任何突
　　發狀況。

2. 我沒有負債。

3. 我有健康保險、殘障保險以及生命保險。如遇意外，這些保險金都能支撐我與家人的生活開銷。

4. 我每年都在自己的退休福利計畫或退休金帳戶中盡可能存入大筆資金。

5. 我手上有能增加財富的投資計劃。

6. 處理稅務時我有聘用理財專員來協助規劃。

7. 我會定期投資自己，提升專業能力。

8. 我認為自己的收入相當合理。

9. 我的支出比收入還少。

10.我已取消所有未使用的付費服務。

　　這部分總分除以十是幾分？＿＿＿＿＿＿＿＿＿＿

第三部分：事業與職涯

1. 我喜愛自己的工作，愛到甘願不領薪水。

2. 我持續提升自己的專業技能，才能在職場上有更好的表現，提升自身價值。

3. 我相信自己的工作與付出能讓世界變得更好。

4. 我清楚寫下自己的職涯目標，並每天朝此目標邁進。

5. 我與同事關係良好。

6. 我從來不講同事的閒話或八卦。

7. 上司與同事都很認可我的工作能力。

8. 我的工作與生活達到完美平衡。

9. 我每天都期待上班。

10. 我有自己追尋的創業理念。

這部分總分除以十是幾分？＿＿＿＿＿＿＿＿＿＿

第四部分：生活風格

1. 我每年至少放四次假。

2. 我每月至少參加一次文化活動。

3. 我不時嘗試、體驗新鮮事物與活動。

4. 我每天認真努力生活。

5. 我每天至少幫助一個人。

6. 我每一刻都活在當下。

7. 別人對我說話時我總是全神貫注。

8. 我覺得自己能達成心中所渴望的。

9. 我懷抱夢想，每天都會花時間思考這些夢想。

10.我每天都能自由分配時間，隨時做自己想做的事。

這部分總分除以十是幾分？＿＿＿＿＿＿＿＿＿＿

第五部分：心理狀態

1. 我每天寫下至少三件感恩的事物。

2. 我每天讀有教育性與建設性之文章至少二十分鐘。

3. 我已設下目標，每天朝目標努力前進。

4. 我的人際關係都對人生有正面影響。

5. 我知道自己的生命是個禮物，每天都努力生活。

6. 我每天都學著了解自己。

7. 我對自己每天的處境都要負起全責。

8. 我有個值得信任的人生導師。

9. 我對新聞的接收量有所控管。

10.我知道如何控制情緒。

　　　　這部分總分除以十是幾分？＿＿＿＿＿＿＿＿＿＿

第六部分：精神層面

1. 我認為自己是重視精神層面的人。

2. 我相信世界上有比自己更強大的存在。

3. 我每天都有固定的精神信仰儀式。

4. 我的生活方式符合自己的精神信仰。

5. 我用精神的力量來解決問題。

6. 我將自己的精神信仰分享給他人。

7. 我會冥想靜坐，反思每日生活。

8. 我接受也尊重他人的精神信仰。

9. 我的精神信仰替我帶來平靜。

10.認識我的人都認為我重視精神層面。

這部分總分除以十是幾分？ _____

第七部分：家庭

1. 我每週至少跟家人對話一次。

2. 我每週至少一次與家人相聚。

3. 家裡成員沒有人讓我懷恨在心、無法原諒。

4. 我跟每位家庭成員相處融洽。

5. 家裡發生任何衝突，我都願意背起責任。

6. 我努力當個好兒子／女兒、兄弟姊妹、父母或伴侶。

7. 我能隨心所欲分配與家人相處的時間。

8. 能生在現在這個家庭我非常感恩。

9. 我從來不講家人的閒話或八卦。

10. 家人需要幫忙時我從不缺席。

這部分總分除以十是幾分？＿＿＿＿＿＿＿＿＿＿＿＿

第八部分：友情

1. 我每週至少跟朋友聯絡一次。

2. 我每週至少跟朋友聚會一次。

3. 沒有任何一個朋友是我懷恨在心、無法原諒的。

4. 跟朋友相聚時我全心全意感到快樂。

5. 與朋友發生衝突時，我都願意背起責任。

6. 我總是努力當個更好的朋友。

7. 我與童年摯友仍保持聯絡。

8. 我能隨心所欲分配與朋友相處的時間。

9. 朋友都對我的人生有正面影響。

10.我能放心信任朋友。

這部分總分除以十是幾分？ _____

檢視結果 ──●

現在請回頭將分數加總後除以十，然後將分數點在生命之輪的圖表上（117頁），並將所有點連成線，看看現階段的人生有多平衡。

恭喜第一次完成人生之輪圖表！現階段人生看起來如何？各項分布平均嗎？

現在能確定的是，你又更了解自己，知道哪些事情對生活造成壓力了！

你對上述八大項目懷抱感謝之心嗎？假如身體健康這部分的分數較低，你現在有對自己的健康感到感謝嗎？我猜就是因為沒有，這部分的分數才會不盡理想。

這樣的情況也適用於其他部分。還記得幾年前，

我的財務狀況分數相當低。我非常不會理財、管理金錢，甚至把責任全都推到其他人身上，就是不檢討自己！從那一刻起，我開始改善金錢管理觀念，現在我的財務狀況非常理想！

在這本書中，你會讀到幾個能大幅改善人生現況的練習。試著集中精神，感謝那些分數較低的領域，情況就能有立即改善。

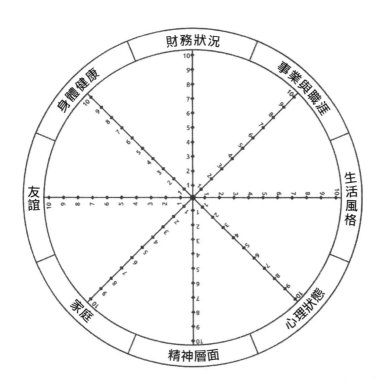

章節重點摘要

・我們必須找出人生現階段有哪些部分表現不佳，才能想辦法打造平衡的人生。

・生活達到平衡，人才會感到快樂。失衡的人生會帶來壓力與不快樂。

・人生進程與優先順序會隨時間改變，因此每年至少要分析一次現階段的生活狀況。

・做完生命之輪練習後，看著分數較低的領域，想著自己現在對該領域有多麼感恩。

・對人生各領域懷抱感謝，這些領域的分數與你的滿意度就會大幅提升。

PART

3

用生活激勵自己

Chapter

第六章

隨手可拾的靈感

不要覺得自己必須對萬物負起全部、不可撼動、永遠的責任，因為這是我的工作。

──上帝

　　對周遭人事物感到感謝相當簡單。只要停下腳步環顧四周就可以了。一旦內在心境改變了，思維就會跟著改變。只要專注正面事物，不要計較太多，放下怨恨與憤怒，我們也可以活在天堂！

　　我知道有時要找到事情來感謝不容易。偶爾我們會忽略生命中的美好事物，把注意力放在那些出了差錯的細節上。但只要你還活著，就還有希望，若能打起精神、維持信念，一切都會回到正軌。這就是萬物的真理。

　　為了將值得感謝的事物輕鬆分類，我想到幾個廣義的類別，也就是：人、健康與身體、工作、世界還

有學習與成長。這些分類中都有數不清的小事情值得感謝，或許從這些項目出發會是個不錯的起點。

●── 人

　　沒有別人，我們也不會成為現在的自己。我們活在與他人組成的社群中，渴望與他人交談，渴望與他人相處，就像彼此是精神上的親人一樣。從朋友、家人到陌生人，我們都像來自同一個地方，一起在這裡學習、玩樂，改進向上。

　　所以，今天為何要對人懷抱感謝？

· 感謝父母，因為宇宙信任他們能好好照顧你。

· 對手足、阿姨、叔叔、堂表兄弟姊妹等親戚心懷感謝。

・對那些真心在乎你，對你來說就像上帝給你恩典的親人心懷感謝。

我們家都會很認真踏實地練習感謝，這讓我們彼此緊密連結，也緊緊握住生命中的祝福與恩賜，實在是非常幸運。在家裡，我們都要吃著蔬菜，然後說一件自己感謝的事情。

——佚名

・對每位朋友懷抱感謝，因為他們讓你的人生更精采！

・謝謝每位交往過的伴侶，因為他們讓你成長，讓你從每段關係學到不同經驗，愛過、哭過，並重新站起來！

・謝謝身邊的情人，因為他們在乎、關心你。

- 感謝交友軟體,因為它們讓你認識很棒的對象,能夠分享彼此生活!

- 感謝性愛,因為性的美妙感受令人彷彿置身星空。

- 感謝各行各業,因為他們早起清掃街道、幫你準備食物,還有建造美麗的房屋。

- 感謝所有親切的人,因為他們讓你快樂,促使你也要一樣親切。

- 感謝所有你不喜歡的人,因為他們讓你成長,讓你知道每個人都不一樣。

●── 健康與身體

最大的財富是健康。

──古羅馬詩人維吉爾(Virgil,70 BC-19 BC)

　　有時我們會忘記有個健康的身體是多大的祝福，只有生病時才懂得健康有多珍貴。還記得自己上次生病是什麼時候嗎？當時感覺怎麼樣？我敢說你那時肯定很懷念健健康康、活蹦亂跳的感覺吧！

　　很多人在經歷生死關卡後徹底改變生活作息。他們會放下之前讓自己壓力大的工作，去做一些實踐理想的事，並安排更多時間和家人相處。

　　所以，為何要對健康心懷感謝？

· 因為現在能有健康的身體就是奇蹟。

· 感謝身上三十七兆個細胞，因為它們都健健康康。謝謝它們各司其職，讓你維持在健康狀態。

· 感謝支撐身體的骨頭以及讓身體保持強健狀態的肌肉，也感謝心臟，謝謝它規律的跳動讓身上每個細胞隨之起舞。

- 感謝所有器官，因為它們你才有辦法愉快地活在這個樂園。

- 感謝大腦，因為它讓你讀書識字，一天比一天更有智慧，更幫你儲存記憶，幫你實踐夢想實踐。

未來屬於相信夢想一定美麗的那些人。

——美國政治人物與前第一夫人艾琳諾‧羅斯福（Eleanor Roosevelt）

- 感謝我們能從病痛中康復，身體是個充滿奇蹟魔法的殿堂。

- 感謝身體每天都有自癒能力！

- 感謝科學進步，還有照顧我們健康的成千上萬名的專業醫護人員：研究人員、醫生、護士，他們都在為我們的健康努力！

・懷抱感謝，因為生病的時候身體會試圖發出警訊。

你身上最大的症狀，或許就是那個最想衝破困境的夢想。

——小兒科醫師與《愛的療癒奇蹟》（*Love, Medicine and Miracles*）作者伯

尼．西格爾（Bernie S. Siegel）

・感謝方便的健康照護、現代醫學、乾淨的醫療設
  備、偉大的藥物，這些東西令你恢復健康，因為背
  後有整個醫療產業在照顧你的身體。

・感謝有趣的健身課程，它們不僅讓你身心舒暢，更
  想要有一段美好的運動時光。

・感謝臉部肌肉，他們讓你自在地展露各種情緒。

・感謝眼球讓你看見不同顏色、形狀、風景，感謝又
  能在地球上度過美好的一天。

有天下午，我在自己位於加拿大洛磯山脈的農場中，往海倫·
凱勒（Hellen Keller）的小屋方向前進。沿著馬車道行進時，
我經過一片美麗的樹林。我們曾在那架設一條鐵線，讓海倫獨
自回家時能夠認路。沿著車道往下行進時我看見海倫從對面走
來。我一動也不動地坐在馬車上，這位一輩子注定要活在黑暗
與無聲世界的女子，卻雀躍地踏著步伐，表情神采奕奕。她從
林中走出，步入一片陽光灑落的空曠區域，她走到我面前，停
在一叢蔓胡頹子前。她抓起一把蔓胡頹子，聞著那奇異的香味。
用那失明的雙眼直楞楞地望向天空，那經過奇蹟似訓練的雙唇
吐出「美麗！」這個詞。她保持微笑，從我身邊走過。眼淚從
我那對不完美的雙眼落下，我將淚水擦乾。我從不認為這片壯
麗的高原是美麗的。我只因為某篇稿子被拒，就沉浸在失意的
沮喪情緒裡。我的眼睛能看見這片美麗的樹林、天空和山谷，
耳朵能聽見湍流的溪水聲，以及風經過樹梢的聲響。但這位偉
大的女子儘管眼睛被黑暗籠罩，耳朵也被封起來，卻能讓我體
會何謂美麗與勇敢。

——弗拉澤爾·洪特（Frazier Hunt）刊登於《紅書》雜誌（*Redbook*）中
之文章

129

・感謝自己能聞到剛出爐的蘋果派香氣、海風的氣
味、草地剛經過整理的新鮮氣味，還有沿路上雨水
的味道與花的芬芳。

・心懷感謝，因為你能品嚐草莓、巧克力、起司與葡
萄、冰淇淋，還有世上各種新奇的口味，感謝味覺
的美妙恩典！

・心懷感謝，因為被別人觸碰、親吻、愛撫時你有所
知覺，感謝自己是如此被愛護與祝福。

・感謝自己能聽見小鳥的叫聲、海浪聲、河流從山頂
往下流竄的聲響，還有愛人的歌聲。

工作 ──●

工作並不是對人類的懲罰，反而是一種獎勵、力量以及樂趣。

──法國小說家喬治・桑（George Sand，1804-1876）

能夠工作、能在早上起床上班，跟同事聊天互動，和世界的每一分子一起讓世界更棒，這些是多大的恩典。

二〇〇九年，金寶湯公司（Campbell Soup Company）執行長道格拉斯・科南特（Douglas Conant）發生一場嚴重車禍。他在醫院療養時收到全球員工寄來的祝福信。他老婆坐在病床旁跟他一起讀著這些文字。為什麼他的員工這麼重視、喜歡他呢？身為執行長的科南特有項非比尋常的特點。每天，他都會手寫至多二十封信給員工，感謝他們的貢獻與優秀的工作表現。以下是他對這個習慣的看法：

　　我所受的訓練，是要我在一堆數據中找出錯誤與問題，挑出哪些事情偏離軌道。許多社會文化並不積極鼓勵大家認可他人的貢獻，所以我才養成這個寫信給員工的習慣。十年來，我已經寫超過三萬封信，但公司員工僅兩萬人。無論到世界各地，只要到我們公司的員工休息室，都能看到他們將

我的手寫信貼在布告欄上。

　　所以，今天為何要對<u>在公司上班</u>這件事心懷感謝？

‧感謝美麗的辦公室、舒服的座椅以及美麗的桌子，這樣的環境讓你上班時心情更愉悅。

‧感謝公司創辦人，他／她一手成立了這個營運得還不錯的公司，這可不簡單！

‧感謝優秀的同事，他們讓你開懷大笑，每天都能學到新鮮事物！

‧感謝工作上遇到的挑戰，他們讓你學習、成長與進步！

‧感謝每張令人驚嘆的薪資單，他們讓你有錢購買食物、有屋可住，還有餘裕從事娛樂活動，購買溫暖美麗的服飾。

· 超級感謝辦公室中免費的食物、零食和飲料,這些補給品讓你無須擔心上班時口渴餓肚子。

· 對你的工作懷抱極大的感謝,因為你的工作替許多人解決問題,能幫助別人是件非常美好的事!

· 感謝自己與同事具有的不同特質,這樣大家都能學到彼此的長處,理解到每個人都是多麼獨特美好。

· 感謝自己每天對公司業務進展所付出的貢獻,無論這個貢獻是大是小。

所以,今天為何要為身為企業家懷抱感恩?

· 感謝自己找到值得解決的問題,許多企業家也努力尋找問題,而你已經找到了,並正在想辦法解決。恭喜!

· 感謝那些曾迫使你克服障礙的困境,如今你才能更

有智慧、更強盛。

· 感謝自己與工作對世界有正面影響。

· 感謝身為企業家所享有的自由，如此一來才能隨心所欲發想新點子！

· 感謝自己一路走來有這麼豐富的成就，你就是英雄！

感謝第 2763 天，這天全世界都在慶祝你一夕之間的功成名就。
——Hubspot 創辦人達爾莫什·沙阿（Dharmesh Shah）

· 感謝鮮少有人踏足的道路，你的人生充滿挑戰與冒險。

- 感謝曾將自己的經驗與智慧寫下來的企業家，你才能走在最筆直正確的道路上。

- 感謝網路替企業家排除許多障礙，現在大家都可藉著網路成功開創事業。

- 感謝那些願意與你共事的優秀員工，他們相信你的夢想，天天努力扶持你。

- 感謝所有客戶，願意請你解決他們生活上的疑難雜症，對你抱持信任。

- 感謝新點子帶來的新鮮刺激感，有了這些點子你才能做夢，投入資源與時間讓夢想成真。

我們的團隊對人們的生活發揮實質影響力，讓大家在做重要的個人財務決策時有所依靠。能身為團隊中的一員，我每天都很感謝。

——Nerdwallet 創辦人提姆・陳（Tim Chen）

· 感謝共同工作空間，這個空間讓你有絕佳的環境來落實理想，跟懷有相同理念的人共聚一堂，幫助彼此成長。

· 感謝一路帶你到現在這個位子的思維模式和決心，沒有這些因素，或許你就無法像現在這麼快樂。

· 感謝自己能夠堅持追尋使命，拿出百分百的努力，你現在的一切都是應得的，想像力讓你無往不利。

· 感謝自己有權力挑選共事的人，打造夢想團隊！

有位管理超過三千名員工的企業創辦人曾對我說：「要樂觀。雇用員工時要聘請那些認為自己很幸運的人。」我反覆思考這句話，才發現原來認為自己很幸運的人心態是樂觀的。在艱困的環境中，要有樂觀的態度才能成功。雖然在隨機的競賽或遊戲中樂觀並不一定派得上用場，但在能夠控制結果的條件下，例如想完成一項艱難的任務時，樂觀卻大有助益。想著自己很

「幸運」就能讓人保持樂觀，接著讓人自信滿滿、秉持正面思維。這些特質跟毅力、決心皆不可或缺，都能實際影響命運，讓你越來越順遂。

——Yext 執行長與共同創辦人霍華德‧勒曼（Howard Lerman）

世界

這個世界有太多值得感恩的事物，因此我將這個部分分成自然、科技、音樂、時間、食物飲料、住家、世界多樣性、金錢還有動物等項目。讓我們開始吧！

001. 自然

在音樂中、在花朵中、在樹葉中，在每一個善舉當中，我見到人類對上帝的呼喚。

——西班牙音樂家帕布羅‧卡薩爾斯（Pablo Casals）

　　世界萬物都是完美平衡的一部分，因為這完美的平衡，我們得以安居樂業、學習、快樂地活著。對此唯一適切的回應即是感謝。

戰爭快結束時，他的視力在一場爆炸中嚴重受損。得知有一天會徹底失明後，他決定回到自己熟悉的法國繼續學音樂，準備未來活在完全黑暗的世界裡。「就算是看見一根針，」他寫到：「一根頭髮、一片葉子或一杯水，內心都會湧起一股激動。還有庭園裡的植栽、鵝卵石、路燈跟陌生人的臉孔。我不再將這些事視為與我相關，讓他們保留自身的價值與身分。我走向萬物，讓自己徜徉其中，才發現原來他們所帶有的美遠超乎自己想像。只要能將自己交給萬物，就能獲得啟發與滋養。」
——Orbis Books 發行人羅伯特‧艾爾斯伯格（Robert Ellsberg）

　　什麼也不做，只是觀察、欣賞周遭世界並對其懷抱感謝，就能快樂地活在祝福滿溢的人生裡。

所以，今天為何要對<u>自然</u>懷抱感謝？

· 感謝身邊一切，因為萬物都是奇蹟。

· 感謝天上的星星，因為這些星星在天空看著我們，讓我們對另一個世界懷抱想像，也帶領我們的祖先踏上完美的冒險旅程。

· 感謝太陽，太陽給予光芒，讓我們感到溫暖、治癒我們。

· 感謝火焰，坐在爐火前是所有人最愛做的事！

· 再次感謝火焰，因為火焰讓木材變成灰燼，讓水變成蒸氣，讓冰冷的房間變成舒適的空間，讓大家能愉快地聚在屋內。

· 對雨天大聲說感謝，因為雨水幫忙清洗街道，讓世界聞起來更清新。

· 認真感謝水，因為水治癒我們，更因為水在我們體

內佔了 70%。

我對一張照片印象別深刻，照片中有我此生見過最美、最精緻的結晶。照片中的結晶之所以會形成，是因為水被擺在「愛與感恩」之中。水彷彿感到欣喜雀躍，便開了一朵花來慶賀。見到這塊美麗的結晶後，我的人生也獲得立即的改變。

——《水知道答案》（*The Messages in Water*）作者江本勝（Masaru Emoto）

　　江本勝一輩子都在研究水所傳遞的不同訊息。他將兩杯水暴露在不同感受和音樂中，觀察水的分子結構。他的研究結果實在令人驚豔！

　　你還能對日出、日落跟陽光表達感恩，還有對自然的美感、森林中漫步的悠閒自在、海洋中游泳的暢快感、陽光灑落臉上的溫暖、四季、許多小生物棲息

的草地、白雪、彩虹、地球還有許多美妙的事物表達
感謝。

將天堂視為父親，將地球視為母親，並將萬物視為手足。
——美國原住民俗諺

oo2. 科技

科技真是了不起！科技讓我們無論在世界任何角
落，都能跟愛人聯繫，還能隨時隨地吸收新知、開創
事業，在不受時空限制下工作，讓生活更井然有序！
此外，許多網路上的資訊和工具都是免費的！

所以，今天為何要對科技懷抱感謝？

‧感謝飛機讓我們能在空中翱翔，拜訪令人驚豔的異國文化，這些機會並不是人人都可享有。

‧感謝網路的便利與普及，讓我們能在任何時刻免費學到新資訊。實在太棒了！

‧感謝Skype讓我們無論身在何處都能免費跟愛人聯絡！

‧感謝那些願意集思廣益想辦法讓世界更好的人。感謝那些決定起身行動實踐夢想的人，我們今天才得以使用高端的科技，讓生活更快速方便。

‧感謝那群多年來發明、改良腳踏車的人。腳踏車真是世界上最了不起的發明！世上已經有超過十億臺腳踏車！

今天就撥空感謝一位企業家，感謝他的夢想與勇氣，感謝他的努力不懈和想像力，全人類的生活才得

以更便利。永遠對發明家、企業家，還有那些願意探索未知的人懷抱感謝，永遠！

　　那天搭飛機的時候，我跟老公抱怨機上沒有電影，這讓我很不爽！怎麼可能會沒電影？我從紐約飛到西班牙，航程不超過八小時，三千五百英里竟然不用飛超過八小時！我這才發現自己這輩子之所以去過二十六個國家，都是因為飛機的功勞。對飛機我只有滿滿的感謝。

003. 音樂

　　音樂觸動感官，讓我們凝聚在一起聆聽動人美妙的樂音。音樂觸動歌手的力量已超越生死，音樂能讓你笑、讓你哭，還能讓你舞蹈，更能觸及體內的每個細胞。

所以，今天為何要對<u>音樂</u>懷抱感恩？

· 感謝音樂讓我們的靈魂以各種方式感到充實，讓人立即愉快起來！

· 感謝音樂家，他們跟宇宙的力量結合，創造出獨特美好的曲調觸動我們的心靈。

· 感謝各種風格的音樂，從壯麗的歌劇到令人搖擺的拉丁音樂；從低沉的安達魯西亞吉普賽歌曲，到幽深的靈魂歌手樂音。

據說音樂是天使的話語。

──蘇格蘭哲學家湯瑪斯・卡萊爾（Thomas Carlyle，1795-1881）

· 感謝藝術家，他們的藝術讓你參透他們的思維，用

不同的視角來觀看世界。

· 感謝所有音樂產業中的成員，像是作曲家、歌手、
音樂家、音控師、音樂品牌以及行銷總監。感謝他
們將音樂帶給你。

· 感謝音樂家，感謝他們譜出的歌曲讓你的身體不由
自主隨節奏搖擺。

· 感謝偉大的歌曲，它們讓你跟朋友享有美好的相聚
時刻。還記得上次跟朋友在車內，兩人努力想跟著
音樂飆高音的畫面嗎？

· 感謝音樂家，他們放棄安穩的生活，創造藝術讓我
們享受其中。

人類是個了不起的物種，我們非常神奇，能記得
自己的夢想，將夢想化做現實。我們讓宇宙的力量進
入大腦，創造美好的事物。因為生命有限，我們不斷

督促自己、幫助他人。每個人體內的靈魂聚合起來就能合而為一！別忘了永遠對這些事物懷抱感謝！

004. 時間

能有機會活在這個美妙的世界有多棒啊！我們能夠學習、嘗試、失敗、去愛，還能夠重新來過！

所以，今天為何要對時間懷抱感謝？

· 感謝時間，因為時間是一項禮物，我知道你向來很享受其中！

· 感謝現下的時間，感謝此時此刻，感謝當下，因為你還活著，這就是最大的祝福。

· 感謝與愛人的記憶，無論何時只要想到這段記憶，心情就會愉快起來！

時間能透過奇妙的方式讓我們知道什麼才是最重要的。

——美籍非裔歷史學家、作家瑪格麗特・彼得斯（Margaret Peters）

・感謝每一年的生日，這都是對你生命的歡樂慶賀！

005. 食物與飲料

吃竹筍時應當想著那位種筍的農民。

——中國俗諺

記得有一次感恩節，我拜訪公婆位於康乃狄克州的住家。屋內熱鬧不已，香氣四溢。火雞裡塞了西班牙香腸、豆子、肉汁、馬鈴薯，還有各式各樣的派。大家都與心愛的人分享美食，而桌上的食物來源各

異。每道料理口味都不同，有的甜，有的鹹，有的辣，而有的則口味清淡。有的是熱食，有的則是冷盤。這些口味、溫度、質地不同的食物簡直是美麗的奇蹟，讓大家能跟摯愛分享。這真是天大的祝福！食物就是奇蹟，生命也是奇蹟，而我們唯一能表達的就是感謝。

所以，今天為何要對食物懷抱感謝？

· 感謝這輩子吃下的所有食物，這些食物提供養分，讓你得以繼續前進。活到現在真是吃了不少食物！

· 感謝食物從零到有再到餐桌上的所有過程。感謝農夫栽種、採收美味的食材。感謝工廠將食物洗淨並分裝，感謝物流業者分派運送，感謝卡車司機將珍貴的食物送到超級市場。

oo6. 住家

我發現原來只要更願意對生命中的小事物表達感謝，就會有更
大的收穫從意想不到的地方出現。我每天都很期待接收各式各
樣，不斷出現在生活中的驚喜！
──《創造生命的奇蹟》（*You Can Heal Your Life*）作者露易斯・賀（Louise
L. Hay）

　　家是你安居的地方，也是你睡覺、吃飯，跟自己
和家人相處的所在，所以我們應該對這個神聖之地的
每一處懷抱感恩。若你覺得家中空間不足，請想想那
些流落街頭的人，想想家中每個值得感恩的特點。

　　所以，今天為何要對你家懷抱感恩呢？

・感謝住家有屋頂跟牆壁，幫你擋風遮雨，替你將大
　雪和寒冷的低溫阻隔在屋外，讓你享受舒適的室

溫。

· 感謝房東決定將這間美麗的房子租給你而不是別人，讓你有這個美好的地方可安居。

· 感謝舒服的床讓你能好好休息。

· 感謝家裡所有家具，他們存在的目的就是讓你更舒適愉快。

　　NewStory 這個來自舊金山的慈善機構，希望能讓無家可歸的民眾都有棟安全的住家，他們提供要價僅六千美金的住宅，讓因天災而流離失所的災民有屬於自己的房子。身為五個孩子的媽媽的夏莉提，在二〇一〇年海地大地震後被迫搬進簡便帳篷。不過帳篷無法容納他們全家，因此她不得不跟兩個孩子分開居住長達五年以上。希望大家都能造訪 NewStory 的網站，更了解這個機構的工作內容：http://newstorycharity.org/about/

007. 世界多樣性

睜開眼睛，仔細觀察。

觀察眼前的人究竟長什麼模樣。

每張臉背後都有令人歎為觀止的故事，每個故事都極具深度，難以窺探全貌。

其中不僅包含他們自身背景，還有他們祖先的故事。

每個人都帶有淵遠流長的歷史⋯⋯

在這天的這個時刻，每個和你相遇的人，來自不同世代、世界不同角落的人匯聚於此和你相遇，就像生命賜予的泉水，只要你願意敞開心胸就能暢飲。

──作家、天主教本篤會修士大衛·斯坦德拉（Brother David Steindl-Rast）

世界上有這麼多各異的文化共存，這實在太奇妙！你看，非洲有馬賽戰士，蒙古有哈薩克斯坦文明（Kazakhs），紐西蘭有毛利文化，世界各地有這麼

多美麗、多樣的文明。從亞洲、非洲、歐洲、拉丁美洲甚至到美國各地區都有不同族群！

　　想到自己能親自體驗這些文化的傳統風俗，旅行至各地親眼見證，難道心裡還不感謝嗎？你能親口問問這些文明的傳統服飾由來，而且光是想著這些歷史與故事，思想與視野也慢慢擴展開來，這些都令人感謝。

　　所以，今天為何要對世界多樣性懷抱感謝？

· 感謝多樣文化，讓我們能學習不同事物，造訪世界各地。

· 感謝生在這個許多文化並存的城市，讓你也身為這些文化的一份子，學習各個文化的歷史與精髓。

· 感謝那些懷抱使命、努力向你展現偉大文化的男男女女。

oo8. 金錢

專注於皮夾裡的三塊美金，很快就能再賺進五塊美金；但執著於皮夾裡缺少的五十塊美金卻無濟於事。
——脫口秀主持人、全球最具影響力的女人歐普拉（Oprah）

　　二十七歲時我背負債務，人生跌到谷底。當時我的男朋友住在另一個國家，我一心一意只想把這個爛攤子跟貧窮的生活拋在腦後跑去找他，但我連機票都買不起。

　　那一陣子生活過得很苦，我也對錢滿懷憤怒。錢是我的敵人，錢把我困在原地、破壞我的人際關係，還讓我鬱鬱寡歡。我對錢只有不滿。

　　幾年後，我跟錢和好了。現在我才理解原來錢是我的朋友，畢竟錢不是到處都有！不必跟錢當敵人，

反而要對錢心懷感謝！這樣就會有更多錢滾滾而來！

　　錢是你的朋友。好好對待錢，感謝自己能使用的金錢，再也不會陷入貧窮！

　　如果你現在有財務狀況，請反思自己與錢的關係。你對於自己所有的錢心懷感謝嗎？你有以尊重的方式來使用錢嗎？你覺得錢到處都是嗎？在街上撿到一個硬幣時你會開心嗎？若你真的在路上撿到硬幣，應該要歡欣鼓舞地跳起來，這樣宇宙才知道你碰到錢時是快樂的，並送更多錢給你！

我沒辦法在短短幾分鐘內告訴你致富的方法，但我能告訴你如何感覺到富有，這比真的坐擁財富還重要。答案就是感謝。感謝就是財富，而且還不用繳稅！

——演員、喜劇演員、經濟學家本・斯泰因（Ben Stein）

所以，今天為何要對<u>金錢</u>表達感恩？

· 感謝銀行，因為銀行讓我們的財產有個安全的棲身之所。

· 感謝生命中曾擁有過的錢，因為這些錢你才有辦法到各地旅遊，才有辦法享用美食，並獲取珍貴的知識，還可與家人朋友共度許多歡樂精采的時光。

· 感謝生命中曾擁有過的錢，因為這些錢讓你得以繼續生存、享受人生。

· 感謝銀行裡現有的錢與皮夾裡的鈔票和銅板，因為這些錢讓你有家可歸，讓你有乾淨的水可飲用，讓你有電可使用，讓你能打電話給朋友，讓你使用口袋裡的智慧型手機，讓你上餐廳用餐，讓你搭乘大眾運輸工具而不用徒步行走。這些錢讓你有辦法做許多美妙的事！

009. 動物

動物的壽命較短，因為牠們不需要像人類得花時間學習愛和感謝。

——小兒科醫師與《愛、醫學、奇蹟》（*Love, Medicine and Miracles*）作者伯尼·西格爾（Bernie S. Siegel）

　　所以，今天為何要對<u>動物</u>懷抱感謝？

· 感謝地球上所有動物，牠們讓我們領悟到宇宙的廣博與多樣性，例如來自巴西、異國風情十足的鳥類，還有海中各式奇妙物種！

· 感謝牛，因為牠們提供美味的牛奶！

· 感謝你家的小狗，因為牠對你的愛不求回報！

學習與成長

花朵在陽光下一點一滴、緩慢溫柔地綻放。人的靈魂也不該被責罰或受催促,而是在對的時機盛放,展現真正的美與價值。

——《愛與感恩的蒼鷺之舞》(*The Heron Dance Book of Love Gratitude*)

　　活著是為了學習跟享樂!地球就是我們學習的場域,目標是精進自己、享受人生,讓自己在離開這個世界時比剛造訪的那一刻更棒。這就是終極目標。

我們都遺忘自己的任務是延續上帝的神蹟,體驗快樂,愛每一件事愛到無可自拔。但我們沒有大笑、沒有玩樂,沒有愉快地捏黏土,反而嚴肅地活著。

——《感謝與致富》(*Thank and Grow Rich*)作者潘姆・格魯特(Pam Grout)

　　時常提醒自己，我們都曾是那個不受自己認同的人，並從這些經驗中學到教訓。原諒非常重要，切記，我們都不斷被推往完美的境界。

001. 教育

教育是改變世界最有力的武器。

——南非政治人物尼爾遜·曼德拉（Nelson Mandela，1918-2013）

　　所以，今天為何要對<u>教育</u>懷抱感謝？

·感謝大腦的能耐，大腦讓你學習外語、方程式還有新概念，學習似乎根本毫無界限！

‧感謝教育的普及，現在只要上網就能深入探究自己
　有興趣的主題。

**一個人若在二十歲和在五十歲時對自己的看法都沒變的話，那
他就是浪費了三十年人生。**
──職業拳擊手穆罕默德‧阿里（Muhammad Ali）

‧感謝優秀的專家透過寫書和授課分享知識，謝謝他
　們願意花時間分享所學。

‧感謝曾經擁有的學習機會，以前你無法選擇職業，
　現在出路開闊毫不受限。

‧感謝能到學校受教育，這珍貴的受教機會並不是每
　個人都能享有的權利。

在部分國家，學生每天都會去上學。這對他們來說稀鬆平常。
但在其他地區，卻有學生苦無受教機會……教育對他們而言是
珍貴的禮物，就像鑽石一樣。
——巴基斯坦女性教育提倡者、最年輕的諾貝爾獎得主馬拉拉・優素福扎
伊（Malala Yousafzai）

・感謝生命中遇見的每位優秀老師，他們熱忱地與你
　分享自身知識與經驗。

002. 挑戰

相信宇宙的一切都有其意義。當你以為自己正在墜落時，其實
是正在學習。
——美國作家茱莉・基尼（Julie Keene）

　　困境與挑戰其實是促進我們成長的最大動力。歡迎生命中的挑戰，讓他們覺得你已做好準備迎接他們。透過困境的磨礪，你便有學習機會，也會變得更強大、有智慧。我們必須調適心態，將磨難視為挑戰，將挑戰視為讓我們更進步、更有智慧，以及更成功的踏腳石。

人生順遂時，說聲謝謝、開心慶賀；碰到挫折時，也要說聲謝謝，然後在逆境中成長。

——《超越完美之贈禮》（*Present Over Perfect*）作者沙納·涅奎斯特（Shauna Niequist）

　　所以，今天為何要對挑戰懷抱感謝？

· 感謝各種挑戰形塑你的人格特質，讓你成為更有智慧、更強大的存在。

‧感謝失敗，因為失敗帶來的收穫比成功還多。

學習智慧有三種方法：第一，靠思考，最為崇高；第二，靠仿效，最為容易；第三，靠經驗，最為痛苦。

——中國哲學家

‧感謝艱困的日子，這段時光讓你知道態度決定一切，只要轉心動念，就能擁有美好的一天！

若不改變心情，不開心的短暫片刻就會延續成鬱鬱寡歡的一天。

——勵志演說家瑪麗蓮‧夏曼（Marilyn Sherman）

●── 其他值得感謝的美好事物

001. 你在地球上的使命

沒有原因、不為任何目的，感恩周遭萬物，這就是生而為人的
使命。

——作家、修士大衛・斯坦德拉（Brother David Steindl-Rast）

　　你存在的目的是什麼？人活著都有一個使命，這
個使命只有你自己知道。

　　寂靜無紛擾時，有個聲音與你對話。那個聲音說你
正在對的地方、對的時間，整個人的狀態非常完美。

　　這個聲音也訴說你生在世間的使命，以及你這輩
子專屬的任務為何。世上唯有你能夠完成這個任務，

你必須懷抱信念，相信一切都會順利完美。

世界上最強大的武器就是充滿熱情的靈魂。
——法國陸軍統帥費迪南・福煦（Ferdinand Foch）

　　我還記得當時，還記得那個數字：三億……還有我心中的不安全感，我心想：「該怎麼做？」那是個陽光和煦的下午，我人在家中。我閉上雙眼，腦中浮現：三億。「你要幫助三億個人更快樂。」我還記得心中的恐懼、懷疑、不安以及焦慮，我深知那個聲音真實存在。

　　能往自己的使命邁進感覺很美好，體內頓時充滿巨大能量與動力，只為了讓自己完成任務。生命的拼圖開始以自己的步調慢慢拼湊組合，速度有時快，有時又慢得難以察覺。但你必須堅信自己一步步往終點

靠近，只要將注意力擺在完成任務，不要對完成任務的方法有太多設想或感到壓力。

我的任務是打擊不快樂跟負面情緒。我也想讓大家在財務上更自由，因為我知道金錢有時主宰快樂與否。

那麼，你的任務是什麼呢？

若你還不知道自己的任務為何，別擔心。慢慢挖掘自己的熱情所在，選擇奮鬥的目標。地球上有很多事需要改善解決。

透過以下訣竅，能知道自己的熱情落在何方。

1. 走進書店時，你會先走到哪一區的書櫃？這或許能顯示你的熱情所在。

2. 做哪些事的時候你總是感覺時間過得很快？

　　我並不是鼓勵大家拋下工作與責任不顧，一味追尋自己的熱情。請不要將自己原有的人生毀了。我只是建議大家該多花時間做自己熱愛的事，就只是如此！

　　所以，今天為何要對你的任務懷抱感謝？

· 感謝自己背負一項使命，能對世界帶來影響、給予幫助，讓其他人更快樂。
· 感謝自己能夠出生在世界上較幸運的環境中。

002. 感謝所有在對的時刻發生的事

不要懷抱期望，只要珍惜所有事物。
—— 被困在愛奧尼亞（Ionia）貝拉米克里克監獄（Bellamy Creek Correctional Facility）的德瑪克思‧貝特（DeMarcus Bett）

　　任何事物的發生都有其道理，而事物之所以未發生也有其緣由。信任宇宙，接受宇宙洪流的指引，讓它帶著你走，相信一切都會好轉，相信自己正往完美前進！

　　我相信吸引力法則。我相信心中所渴望的事物能夠成真，也相信我們無法決定夢想成真的方式。

　　每天練習對各種好與壞的各種人事物表達感謝，宇宙就會替你剷除人生道路上的障礙，因為你願意學習、願意相信、願意原諒，願意感謝，也因為你願意

懷抱信念、不再執著。世上還有許多需要學習的事物，但只要懷抱感謝，生命就又更進一步。

我去年開始每天練習感謝，後來好事就接二連三地發生。例如找工作時，我只要想著工作，機會就從四面八方而來。金錢方面也是如此，我給自己的目標是年薪達六位數，現在我也辦到了。我也需要靠自己努力來達到這個目標，例如不斷締結人際關係，找新工作，主動跟上司談薪水等。不過正面思考與感謝自己現有的一切，對達成目標有莫大助益。

有位同事跟我同期找上司談薪水，幾週後我們聊到此事，他跟我說薪水還是沒有調漲，他很不快樂，覺得自己不被認可，薪水完全沒增加。我告訴他自己被加薪的事實之後，他立刻說我之所以被升等加薪，是因為我總是正面思考、對自己現有事物懷抱感謝之心。我很好奇他是否也會立刻用正面態度來思考，對當下生活懷抱感謝！

　　熱愛萬物與這個地球，放下心中的憤怒、開始學習感謝。保持正面態度！感謝自己當下所擁有的，例如健康、朋友、愛、金錢以及自由。喝一口水也能懷抱感謝，沖個熱水澡也能懷抱感謝。心懷感謝，奇蹟就會立刻降臨！

　　所以，今天為何要感謝<u>所有在對的時刻發生的事物</u>呢？

・感謝宇宙總是有求必應。想著這點！永遠不要忘記。

003. 每個新的一天

唉，誰重視奇蹟呢？而至於我，除了奇蹟之外一無所知。對我來說，光與暗的每個時辰是奇蹟。每一立方英吋的空間是奇蹟。

地球上的每一平方上都鋪展了相同的事物，每一英尺內也都擁擠著同樣的東西。

——美國詩人華特‧惠特曼（Walt Whitman，1819-1892）

　　每個新的一天都能重新珍視、感謝身邊美妙、可口的事物。動物、太陽、微笑的人、音樂還有舞蹈！讓別人笑開懷！學習、睡覺、享受人生，這就是我們生活的意義！

　　感恩能讓你對每天發生的美妙事物抱持感激，期待每個精采的明天！

　　早上起床後對今天說聲感謝，看著鏡中的自己，對自己說：「你好美，你的身體好美！」對朋友和家人展露笑容！對老闆微笑！

　　每天都有機會讓別人更快樂，該怎麼做呢？只要

自己快樂，就能幫助別人更快樂！要怎麼讓自己感到快樂？感謝就對了。

只要透過雙眼、微笑、輕輕的撫觸，甚至是你的存在，在這天和你相遇的人也能受你祝福。讓感謝之情與體內的祝福合而為一，這天就會真正成為美好的一天。

——作家、修士大衛・斯坦德拉（Brother David Steindl-Rast）

所以，今天為何要對<u>全新的一天</u>懷抱感謝呢？

‧因為你能再次看到日出，因為你能呼吸到新鮮空氣，因為你還有這天能享受這個美麗的世界。

‧因為你還有這天能與愛人共度，因為你能讓他們微笑，能讓他們更快樂。

‧因為你還有這天能夠學習、追尋自己偉大的夢想！

004. 感謝感恩本身

每次說謝謝，我們就彷彿置身在地球上的天堂。

── 作家、慈善家與演說家莎拉・班・布里亞蒂納赫（Sarah Ban Breathnach）

別把感謝鎖在心中，感謝是塊力量強大的磁鐵，能吸引更多值得感謝的事物。它能帶來愉悅與原諒，它就是快樂的關鍵！

一年多來，藝術家洛瑞・波卡（Lori Portka）畫了一百幅畫，給一百個改變她生命的人，而這些畫的主題就是感謝。受贈者有她的髮型師、維修工人，還有大學室友跟主持人歐普拉（Oprah）與艾倫（Ellen）。洛瑞用色彩鮮明的畫作感謝那些替她生命帶來喜悅的人。

所以，今天為何要對<u>感恩本身</u>懷抱感謝？

· 因為它能立刻趕走不快樂的情緒。

· 因為這是讓他人快樂起來最有效的方法。

· 因為你隨時隨地都能感到感謝。

· 因為感恩免費！

· 因為感恩讓別人喜歡你。

· 因為感恩讓你獲得更多！

對自己擁有的一切懷抱感恩，你就能獲得更多。若只專注於自
己缺少的，就永遠無法感到滿足。

——脫口秀主持人、全球最具影響力的女人歐普拉（Oprah）

005. 對已擁有一切表達感謝

在獲得之前就懷抱感恩之心，這種心態才能創造奇蹟。

——《感恩：一種生活方式》（*Gratitude: A way of Life*）作者克里斯多福·希爾斯（Christopher Hills）

我很喜歡這個經典故事。這個故事其實在很多文化裡都存在，但我在此引用的是保羅·科爾賀（Paul Coelho）的版本。

從前有位商人坐在巴西某個村莊的海灘，他看見遠方有名巴西漁夫划著小船往岸邊靠近，那名漁夫抓到不少大魚。商人覺得不可思議，就問漁夫說：「你抓這麼多魚要花多少時間？」漁夫說：「不用多久啦。」商人又問：「那你幹麼不待久一點，多抓一些？」但漁夫說：「這樣就夠我養家了。」商人聽到之後呆住了。

　　商人接著問：「你已經抓到魚了，那接下來一整天要幹麼？」漁夫說：「通常會早起出海捕魚，抓到幾隻魚後再回家跟孩子玩。下午會跟老婆睡個午覺，然後晚上就跟好兄弟到鎮上喝杯酒，整個晚上就彈吉他、唱歌跳舞。」

　　商人建議漁夫說：「我有商業管理博士學位，能幫助你變得更成功。從現在起，你應該多花時間出海捕魚，抓越多魚越好。存夠錢後，你可以買一艘更大的船，成立屬於自己的公司，也就是製造魚罐頭的工廠跟配送物流公司。到這個時候，你就能從這個小鎮搬到聖保羅，到當地設立總部管理其他分部門。」漁夫接著問：「然後呢？」商人開懷大笑說：「然後你就能像個國王一樣住在家裡，若時機正確，你還可以投入股票市場，變得更富有。」漁夫接著問：「然後呢？」

　　商人說：「然後你就可以退休，搬到漁村小鎮裡，每天早上起床出海捕魚，然後回家跟孩子玩，跟老婆睡午覺，晚上跟好兄弟喝杯酒，彈吉他、唱歌跳舞！」

　　漁夫聽得一頭霧水，說：「這不就是我現在的生活嗎？」

　　他說得沒錯！我們總是追逐自己缺少的事物。趕快停下腳步，珍惜當下的生活。

　　一個月前我對老公說自己需要一整個週末獨處寫書。我需要一個平和、被大自然圍繞、充滿美妙的音樂和絕對寧靜的空間。

　　我對老公說自己需要這樣一個空間，這對我的來說很重要。我決定放一整個週末的假，到森林裡租個小屋。

　　現在我出書了，但那個週末根本沒休息，也沒有住在森林裡的小木屋中。當時我想著要到森林小屋裡住一晚時，我正一邊拜訪家人一邊寫書稿，而屋子四周綠意盎然，屋內正播著蕭邦美妙的音樂。上週我渴

望的寧靜空間，現在不就在我身邊嗎！我內心湧起一
股感謝的熱流，不禁落下淚來。

　　我這才發現我們已經擁有自己要求的一切了。一
切都有了！生命是我們最好的朋友，生命滿足我們的
願望。上次希望落空是什麼時候？我已經記不得了。
我所期盼的如今都來到我身邊。今天一切是多麼美
好，我已別無所求！

　　謝謝宇宙。我愛宇宙，宇宙也愛我。我愛生命，
生命是我的摯友，甚至我就是生命！

　　謝謝你，謝謝你，謝謝你。感恩我在這一年能夠
練習感謝，謝謝每個早起練習感謝的早晨。我們更了
解彼此，因為我們互相珍惜喜愛，因為我們就是生命
共同體。

　　親愛的朋友，請聽仔細：宇宙希望你快樂，而快

樂的先決條件就是感謝。如果你懂得感謝，就能去愛人，別人也能以愛來回報。這是個美妙的循環，而這個循環的起點就是感謝跟信任。只要具備這兩項特質，其他美善的事物就會接連而來。

宇宙願意給予一切你所渴求的，這樣你就能更快樂。因為我們都是宇宙的一份子，所以宇宙也會更快樂！

保持快樂的心情，懂得感恩，珍愛生命，把愛散播給其他人並微笑。沒錯，開懷地笑給我看吧！

信任一切，不再執著。

原諒，然後去愛。

練 習
感謝散步

· 每天撥空出外散步，最好是能找個接近大自然的地方。
· 散步時對自己的身體懷抱感謝。例如說：「謝謝這雙腳，讓我能踏足世上這麼美好的地方。」接著對其他身體部位懷抱感謝。從腳底到頭，每個部位都很值得感謝！
· 接下來對周遭環境表達感恩。看著自己居住的美麗世界，對身邊每件事物說謝謝。看著太陽，對太陽說謝謝，因為……
· 最後感謝身邊的人：你的家人、伴侶、朋友。對他們每個人說：「謝謝你，因為……。」有時候對一個人表達感謝不容易。但不要緊，先原諒對方，不要執著，明天再重新試著對他懷抱感謝。

練習結束後你一定會覺得身心舒暢！記得讓自己的人生充滿祝福、變得更豐富，其中最重要的是懷抱感謝時內心的感受。這種感受具有魔幻力量，能吸引愛跟快樂，讓生活更充實精采。

若要深刻體會感謝，就坐下來將心中感謝的事物寫下。直到眼淚落下前都不要停筆。淚水奪眶而出時，你就能體會世上最美妙的感受為何，這種感受縈繞心中，在身體內部流動。這就是真正懷抱感恩的心境。一旦有過這種經歷後，你就知道如何召

喚這種感受。感恩強大的力量，讓你每天都渴望反覆體會。

——「第五十七日」，出自朗達‧拜恩（Rhonda Byrne）的《祕密天天練》（*Daily Teachings of The Secret*）

章節重點摘要

‧感謝不難，只要停下腳步環顧四周，就能發現數百萬件值得感恩的事物！

‧養成習慣，對自己每天獲得的事物表達感謝。開始感謝的那一刹那，你的人生就會有所改變。

‧感謝某件事的時候別忘了講述感恩的確切理由，這樣能讓感受更深刻。

評價募集

這本書的目標是讓數百萬人透過感恩的力量變得更快樂，你也是其中一人！

我衷心希望讀完這本書後你變得更快樂，也懂得如何讓地球變成自己的天堂。我將自己所知的一切寫成書，只為了一個目標，就是讓你更快樂。

現在，為了讓這本書觸及更多人，我需要你的協助。一本書若要在 Amazon 上獲得迴響，評價是重要關鍵。若這本書能獲得更多真誠的評價，就會有更多人想讀這本書。

若你喜歡這本書，認為它確實很有幫助，願意在 Amazon 上留下你真實的評價，我會非常、非常、非常感激。你的支持對我來說意義重大（你的評價真的

影響力十足），也能協助讓他人更快樂！

請在今天替這本書留下評價吧！

你只需要到這本書的 Amazon 頁面評價區：http://bit.ly/thegratitudebook。就會看到一個寫著「撰寫顧客評價」的按鈕，點下按鈕就能撰寫評價了！

再次謝謝你的協助。獻上我的愛和感恩！

蘿拉・莫瑞諾

引用文獻

365grateful | Stories About the Extraordinary Power of Gratitude. (2017). *365 Grateful.* Retrieved 21 March 2017, from http://365grateful.com/

Alexis, S. (2017). *Giving Thanks: How Gratitude Can Save Your Relationship.* Retrieved 3 February 2017, from http://www.anewmode.com/dating-relationships/giving-thanks-how-gratitude-can-save-your-relationship/

Amin, A. (2017). *The 31 Benefits of Gratitude You Didn't Know About: How Gratitude Can Change Your Life. HappierHuman.* Retrieved 11 March 2017, from http://happierhuman.com/benefits-of-gratitude/

Bailey, C., & Bailey, C. (2017). *100 things to be grateful for –*
A Life of Productivity. Alifeofproductivity.com. Retrieved 23
February 2017, from http://alifeofproductivity.
com/100-things-to-be-grateful-for/

Bentley College Commencement Speech. (2017). *Whole Foods*
Market. Retrieved 21 March 2017, from http://www.
wholefoodsmarket.com/blog/john-mackeys-blog/
bentley-college-commencement%C2%Aospeech

Cisek, J. (2017). *Conscious vs subconscious processing power.*
Retrieved 3 February 2017, from http://spdrdng.com/
posts/conscious-vs-subconscious-processing

Cite a Website - Cite This For Me. (2017). *Meettomarry.com.*
Retrieved 11 March 2017, from http://meettomarry.
com/how-can-gratitude-help-you-find-true-love/

Double page pumpkin Secret Garden. Página dupla Jardim Secreto. (2017). Pinterest. Retrieved 21 March 2017, from https://www.pinterest.com/pin/523543525409382489/

Elie Wiesel Quotes. (2017). *BrainyQuote.* Retrieved 21 March 2017, from https://www.brainyquote.com/quotes/quotes/e/eliewiesel599768.html

Forbes Welcome. (2017). *Forbes.com.* Retrieved 29 January 2017, from http://www.forbes.com/sites/augustturak/2011/08/05/a-leadership-lesson-from-meister-eckhart/#3ac4916951f0

Forbes Welcome. (2017). *Forbes.com.* Retrieved 21 March 2017, from http://www.forbes.com/sites/amymorin/2014/11/23/7-scientifically-proven-benefits-of-gratitude-that-will-motivate-you-to-give-thanks-year-round/

Forleo, M. (2016). *Gratitude: The Most Powerful Practice You're Not Doing. YouTube.* Retrieved 17 October 2016, from https://www.youtube.com/watch?v=eFqsUow-HvM

Gratitude. (2017). *Pinterest.* Retrieved 21 March 2017, from https://www.pinterest.com/pin/288512538346678858/

GRATITUDE. (2017). *EAT THE CAKE FIRST.* Retrieved 21 March 2017, from http://www.choosingratitude.com/gratitude.html

Gratitude Letter (Greater Good in Action). (2017). *Ggia.berkeley.edu.* Retrieved 21 March 2017, from http://ggia.berkeley.edu/practice/gratitude_letter

Grout, P. *Thank & Grow Rich* (1st ed.).

Hamid, S. (2017). *The Science of Shukr. Shukr.co.uk.* Retrieved 21 March 2017, from http://www.shukr.co.uk/blog/index.php/2014/11/the-science-of-shukr/

Happiness Quotes - Finding Happiness. (2017). *Finding Happiness.* Retrieved 29 January 2017, from http://findinghappinessmovie.com/find-happiness/happiness-quotes/

Hardy, D. (2011). *Living Your Best Year Ever* (1st ed.). Success Media Books.

Hardy, D. (2016). *Darren Hardy | To Be Great, Be Grateful. Darrenhardy.com.* Retrieved 17 October 2016, from https://darrenhardy.com/2010/11/to-be-great-be-grateful/

Hedonic treadmill. (2017). *En.wikipedia.org.* Retrieved 3

February 2017, from https://en.wikipedia.org/wiki/
Hedonic_treadmill

Isabelle's Gift. (2017). *The Huffington Post.* Retrieved 21
March 2017, from http://www.huffingtonpost.com/
kathleensmith/meet-the-morphmoms_4_b_5351792.
html

Jeffers, S. (1987). *Feel the fear and do it anyway* (1st ed.).
San Diego: Harcourt Brace Jovanovich.

KilClark, C. (2017). *7 Benefits of Practicing Gratitude Every
Day. Carin Kilby Clark.* Retrieved 21 March 2017, from
https://carinkilbyclark.com/benefits-practicing-
gratitude/

Lesowitz, N., & Sammons, M. (2009). *Living life as a
thank you* (1st ed.). San Francisco, Calif.: Viva Editions.

Lyubomirsky, S. (2008). *The how of happiness*. New York: Penguin Press.

Lyubomirsky, S. (2016). *Discover Happiness | The How of Happiness. Thehowofhappiness.com*. Retrieved 19 October 2016, from http://thehowofhappiness.com/discover-happiness/

Madeline R. Vann, M. (2017). *The Power of Positive Psychology. EverydayHealth.com*. Retrieved 11 March 2017, from http://www.everydayhealth.com/emotional-health/understanding/the-role-of-positive-psychology.aspx

Murphy, J., & Pell, A. (2008). *The power of your subconscious mind* (1st ed.). New York: Prentice Hall Press.

Nonfiction Book Review: *A Complaint-Free World: How to Stop Complaining and Start Enjoying the Life You Always Wanted* by Will Bowen, Author. Doubleday $18.95 (192p) ISBN 978-0-385-52458-2. (2017). PublishersWeekly.com. Retrieved 3 February 2017, from http://www.publishersweekly.com/978-0-385-52458-2

Oprah's Gratitude Journal | Oprah's Lifeclass | Oprah Life Lessons Winfrey Network. (2016). *YouTube.* Retrieved 19 October 2016, from https://www.youtube.com/watch?v=JzFiKRpsz8c&feature=youtu.be

Parabola Magazine. "When a person doesn't have gratitude, something.... (2017). *Parabola Magazine.* Retrieved 21 March 2017, from http://parabola-magazine.tumblr.com/post/146831363426/when-a-person-doesnt-have-gratitude-something

Priorities. (2017). *THE 11-10-02 FOUNDATION.* Retrieved 21 March 2017, from http://www.shakingupamerica. org/priorities.html

Research. (2017). *Project Thankful Heart.* Retrieved 21 March 2017, from https://projectthankfulheart.com/ research/

Seligman, M. *Flourish* (1st ed.).

Shah,. (2017). *WORK LIFE BALANCE. Slideshare.net.* Retrieved 29 January 2017, from http://www. slideshare.net/akshah333/work-life-balance-29701244

Starting a Gratitude Practice - Planet Beach spray & spa. (2017). *Planet Beach spray & spa.* Retrieved 21 March 2017, from http://planetbeach.com/wellness-tips/ starting-gratitude-practice/

Steindl-Rast, D. (2017). *David Steindl-Rast | Speaker | TED. com. Ted.com.* Retrieved 31 January 2017, from https:// www.ted.com/speakers/br_david_steindl_rast

Stuff, T. (2017). *25 Entrepreneurs, Including 2 Sharks, Share What They're Thankful For True Viral News | True Viral News. Trueviralnews.com.* Retrieved 21 March 2017, from http:// trueviralnews.com/25-entrepreneurs-including-2-sharks-share-what-theyre-thankful-for/

Switch - Heath Brothers. (2017). *Heath Brothers.* Retrieved 3 February 2017, from http://heathbrothers.com/books/ switch/

Teachers who inspire.... (2017). *Everything Matters: Beyond Meds.* Retrieved 21 March 2017, from https:// beyondmeds.com/2012/10/25/teachers-who-inspire/

The Concept of Thankfulness in Islam. (2016). *WhyIslam.* Retrieved 19 October 2016, from https://www. whyislam.org/on-faith/the-concept-of-gratitude-in-islam/

To know even one life has breathed easier because you have lived, this is to have succeeded. - philosiblog. (2017). *philosiblog.* Retrieved 21 March 2017, from http://philosiblog. com/2013/03/13/to-know-even-one-life-has-breathed-easier-because-you-have-lived-this-is-to-have-succeeded/

Tobin, N. (2017). *Benefits of Keeping a Daily Journal to Improve Productivity. Nora Tobin.* Retrieved 21 March 2017, from http://www.noratobin.com/benefits-keeping-journal-rapidly-improve-performance/

Understanding the Conscious vs Subconscious Mind in 4 Steps -

Operation Meditation. (2017). *Operation Meditation.* Retrieved 3 February 2017, from http://operationmeditation.com/discover/understanding-the-conscious-vs-subconscious-mind-in-4-steps/

What is Gratitude? - Gratefulness.org. (2016). *Gratefulness.org.* Retrieved 19 October 2016, from http://gratefulness.org/resource/what-is-gratitude/

Why (and how) You Should Practice Gratitude Every Day. (2017). *The Frugal Model.* Retrieved 21 March 2017, from http://thefrugalmodel.com/practice-gratitude/

人生顧問 357

低潮不會死：
打造理想的戀愛與工作，幫你解決困境的正能量法則
The Gratitude Revolution: How To Love Your Life and Be Inspired By The World Around You

作者	蘿拉‧莫瑞諾 Laura Moreno
譯者	溫澤元
執行企劃	林進韋
美術設計	三人制創
內文排版	新鑫電腦排版工作室
發行人	趙政岷
出版者	時報文化出版企業股份有限公司
	10803 台北市和平西路三段240號一至七樓
	發行專線｜02-2306-6842
	讀者服務專線｜0800-231-705｜02-2304-7103
	讀者服務傳真｜02-2304-6858
	郵撥｜1934-4724 時報文化出版公司
	信箱｜台北郵政79～99信箱
時報悅讀網	www.readingtimes.com.tw
電子郵件信箱	ctliving@readingtimes.com.tw
人文科學線臉書	www.facebook.com/jinbunkagaku
法律顧問	理律法律事務所｜陳長文律師、李念祖律師
印刷	勁達印刷有限公司
初版一刷	2019年3月15日
定價	新台幣280元

時報文化出版公司成立於一九七五年，並於一九九九年股票上櫃公開發行，於二〇〇八年脫離中時集團非屬旺中，以「尊重智慧與創意的文化事業」為信念。

Translated from: THE GRATITUDE REVOLUTION
Copyright © by Laura Moreno Cabanillas
Complex Chinese edition copyright © 2019 by China Times Publishing Company
All rights reserved.

ISBN 978-957-13-7726-1｜Printed in Taiwan

低潮不會死：打造理想的戀愛與工作，幫你解決困境的正能量法則／蘿拉‧莫瑞諾（Laura Moreno）；溫澤元 譯. – 初版. -- 臺北市：時報文化, 2019.3｜200面；14.8x21公分. --（人生顧問；357）｜譯自：The Gratitude Revolution: How To Love Your Life and Be Inspired By The World Around You｜ISBN 978-957-13-7726-1（平裝）｜1. 自我實現 2. 生活指導｜177.2｜
108002191

Note

Note

Note

Note

Note